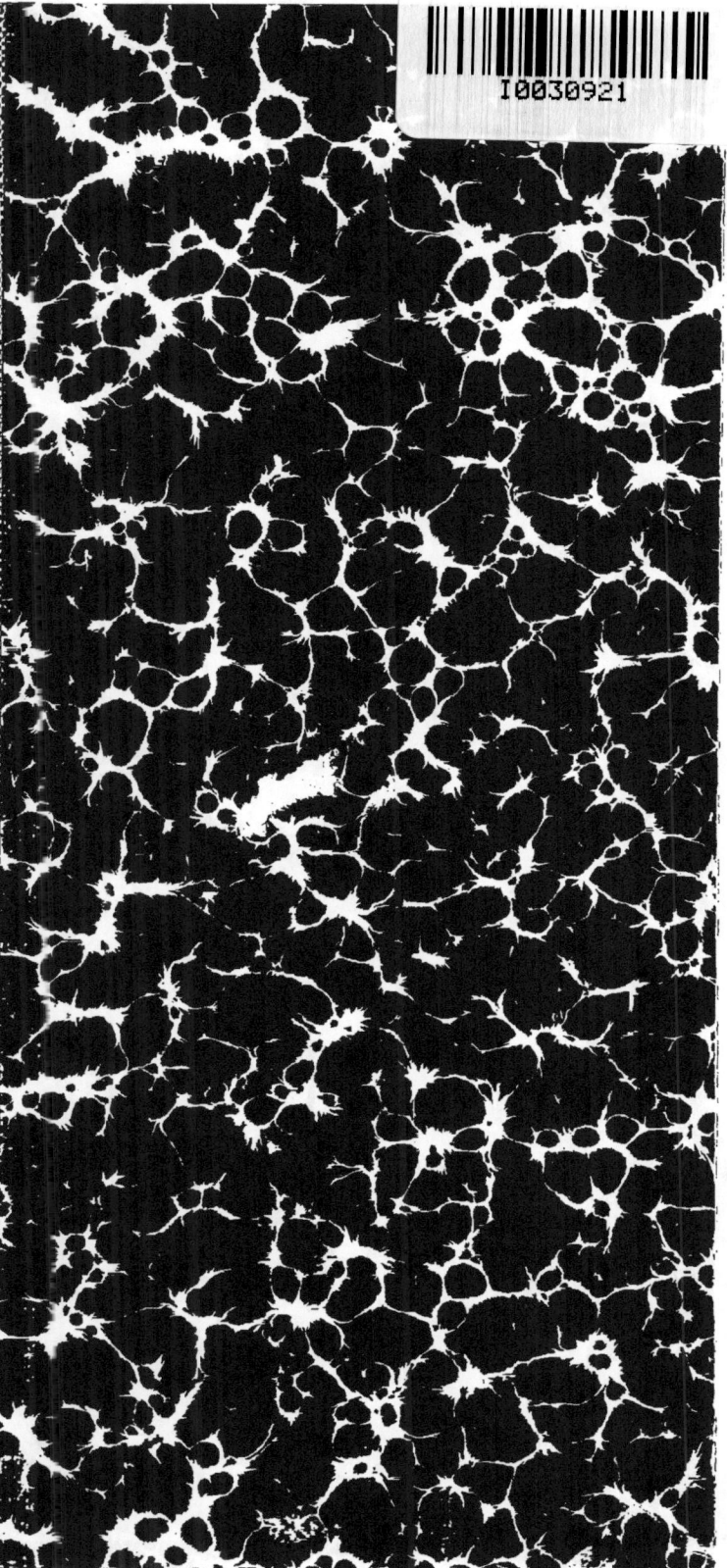

FACULTÉ DE DROIT DE L'UNIVERSITÉ DE PARIS

LE

DROIT DE GARDE

THÈSE POUR LE DOCTORAT

L'ACTE PUBLIC SUR LES MATIÈRES CI-DESSUS

Sera présenté et soutenu le Mardi 22 Février 1910, à 3 heures.

PAR

Georges MAZOYHIÉ

DOCTEUR EN DROIT

Président : M. BARTIN, *professeur.*
Suffragants : { MM. PILLET, *professeur.*
JÈZE, *agrégé.*

PARIS

LIBRAIRIE GÉNÉRALE DE DROIT & DE JURISPRUDENCE

Ancienne Librairie Chevalier-Marescq et Cⁱᵉ et ancienne Librairie F. Pichon réunies

F. PICHON et DURAND-AUZIAS, ADMINISTRATEURS

Librairie du Conseil d'Etat et de la Société de Législation comparée

20, RUE SOUFFLOT (5ᵉ ARRᵗ), PARIS

1910

THÈSE

POUR

LE DOCTORAT

LE
DROIT DE GARDE

THÈSE POUR LE DOCTORAT

L'ACTE PUBLIC SUR LES MATIÈRES CI-DESSUS

Sera présenté et soutenu le Mardi 22 Février 1910, à 3 heures.

PAR

Georges MAZOYHIÉ

DOCTEUR EN DROIT

Président   M. BARTIN, *professeur.*
Suffragants : MM. PILLET, *professeur.*
JÈZE, *agrégé*

PARIS

LIBRAIRIE GÉNÉRALE DE DROIT & DE JURISPRUDENCE

Ancienne Librairie Chevalier-Marescq et Cⁱᵉ et ancienne Librairie F. Pichon réunies

F. PICHON et DURAND-AUZIAS, ADMINISTRATEURS

Librairie du Conseil d'Etat et de la Société de Législation comparée

20, RUE SOUFFLOT (5ᵉ ARRᵗ), PARIS

1910

BIBLIOGRAPHIE

PLANIOL. — Cours de droit civil français.

HUC. — Commentaire théorique et pratique du Code civil.

AUBRY et R. U. — Cours de droit civil français, 4ᵉ édition.

BAUDRY-LACANTINERIE. — Traité des personnes.

BAUDRY-LACANTINERIE. — Précis de droit civil.

LAURENT. — Principes de droit civil, 1869, tome III.

CARPENTIER. — Traité théorique et pratique du divorce.

COULON. — Le divorce et la séparation de corps; 1893, t. V.

COULON et FAIVRE. — Manuel et formulaire du divorce et de la séparation de corps.

CURET. — Code du divorce.

WRAYE et GODE. — Le divorce et la séparation de corps (Traité théorique et pratique), 2ᵉ édition, 1887.

MASSOL. — De la séparation de corps, Paris, 1875.

GOIRAND. — Traité pratique du divorce.

TAUDIÈRE. — Traité de la puissance paternelle, Paris, 1898.

DEMANTE et COLMET DE SANTERRE. — Cours analytique de Code civil, 2ᵉ édition.

GREVIN. — Traité du divorce.

TAULIER. — Théorie raisonnée du Code civil.

MASSELIN. — Le divorce.

DEMOLOMBE. — Traité du mariage et de la séparation de corps, 4ᵉ édition.

DURANTON. — Cours de droit français.

FONVIELLE. — Du divorce.

LELOIR. — Code de la puissance paternelle.

LOCRÉ. — Esprit du Code civil.

Mazoyhié

MARCADÉ. — Explication théorique et pratique du Code Napoléon.

PROUDHON et VALETTE. — Traité sur l'état des personnes.

TOULLIER. — Droit civil français.

DELVINCOURT. — Cours de Code Napoléon.

MASSÉ et VERGÉ. — Droit civil français de Zachariæ.

CHAUVEAU et F. HÉLIE. — Théorie du droit pénal.

CORBIÈRE. — Des délits d'enlèvement et de non-représentation de mineurs.

DALLOZ. — Répertoire.

LE DROIT DE GARDE

INTRODUCTION

Le droit de garde qui sera l'objet de cette
étude est établi par l'article 374 qui dispose que
l'enfant ne peut quitter le domicile paternel sans
le consentement de son père. C'est donc le droit
pour les parents de retenir l'enfant chez eux ou
de déterminer les personnes auxquelles le mineur pourra être confié. En vertu de ce droit, le
père peut forcer son fils à habiter avec lui et au
besoin recourir à la force publique pour le ramener à son domicile.

La garde de l'enfant est non seulement un
droit pour les père et mère mais encore une
obligation. L'abandon de l'enfant est réprimé par
la loi pénale. Les articles 348 et 353 du Code
pénal en font un délit tout au moins lorsque
l'enfant est âgé de moins de sept ans. Il est vrai
qu'en pratique on se montre tolérant et les particuliers peuvent se décharger du soin d'élever

leurs enfants en les confiant à l'assistance publique. Depuis 1823 l'admission des mineurs dans les hospices se fait, à Paris et dans la plupart des départements, à bureau ouvert, sans que les parents aient à faire connaître leur identité. Autrefois (décret du 19 janvier 1811) on avait imaginé le système des tours qui permettait même de ne pas être vu. Ce procédé a dû être abandonné à raison des inconvénients qu'il présentait. L'abandon de l'enfant est un mal qu'il faut autant que possible éviter. Bien souvent la mère ne se rend pas compte des conséquences de son acte. Elle pourait revenir à de meilleurs sentiments si des conseils, des encouragements lui étaient donnés. Ces observations qui lui sont faites dans l'admission à bureau ouvert ne pouvaient avoir lieu dans le système des tours. L'abandon était plus fréquent, étant moins réfléchi. Il était également plus complet. La mère ne pouvait jamais reprendre son enfant. Il n'y avait aucune indication qui eût pu le faire reconnaître. Enfin le système des tours présentait encore ce désavantage que bien souvent il était un moyen de faire disparaître les traces d'un infanticide.

Au-dessus de sept ans, l'abandon de l'enfant ne constitue plus un délit, mais en vertu de l'article 2-6° de la loi du 24 juillet 1889 les parents peuvent être déchus de la puissance paternelle. La sécurité et la moralité de l'enfant sont compromises, ce qui rentre dans les prévisions de la loi et autorise les tribunaux à prononcer la déchéance.

Le droit de garde est un attribut essentiel de la puissance paternelle. L'éducation de l'enfant est la raison d'être de cette autorité que la loi attribue aux père et mère. Tous les droits qui leur sont accordés ne leur sont donnés que pour mener à bien cette fonction qui leur incombe : élever et éduquer l'enfant.

La puissance paternelle n'a plus aujourd'hui le caractère qu'elle avait autrefois. A Rome c'était une véritable puissance, un pouvoir de maître. L'enfant n'était qu'une chose, comme un esclave, dont le *paterfamilias* disposait librement. Corps et bien, il lui appartenait et n'était affranchi de son autorité qu'à son décès. La mère n'en était jamais investie ; elle n'était que la sœur de ses fils, soumise elle aussi à ce pouvoir absolu. Etablie non dans l'intérêt de l'enfant mais dans celui du chef de famille, cette puissance paternelle n'était en somme qu'un droit de propriété, créé dans un but politique.

En France, cette *patria potestas*, mais beaucoup amoindrie et atténuée, s'était implantée dans le Midi. La puissance paternelle n'appartenait jamais à la mère, le fils n'en était affranchi qu'au décès du père, toutes les acquisitions faites par l'enfant en dehors des pécules appartenaient au père. C'était encore l'intérêt du père qu'on regardait et non celui de l'enfant.

Dans les pays de coutume au contraire, une conception plus juste, plus élevée de la puissance paternelle prévalait en général, et se maintint jusqu'à la Révolution malgré l'infiltration du droit romain dans notre droit coutumier : la puissance paternelle était établie dans l'intérêt de l'enfant. Fondée sur une idée de protection, elle s'éteignait quand il pouvait se suffire à lui-même ; elle était en outre commune au père et à la mère.

C'est cette même idée qui a été la base de la puissance paternelle dans le Code civil. Ce n'est plus comme à Rome une organisation systématique, arbitraire, c'est un droit fondé « sur la nature et sur la raison ». C'est même moins un droit qu'un devoir imposé aux parents dans l'intérêt de l'enfant. C'est un moyen de remplir « dans toute son étendue et sans obstacle un devoir indispensable et sacré ». Devoir de protection pendant l'enfance, devoir d'éducation pendant la puberté. « Après le premier âge, où le rôle des parents est surtout de protection, vient la période de puberté. A cet âge l'enfant a déjà observé, réfléchi ; mais c'est à ce moment même où l'esprit commence à exercer ses forces... qu'il a surtout besoin qu'une main ferme le protège contre les nouveaux ennemis ; le dirige à travers les écueils, dompte ou modère ses passions, tourment ou bonheur de la vie, alors qu'une main maladroite ou habile leur aura donné une bonne ou mauvaise direction ». L'éducation de l'enfant telle est la raison d'être de la puissance paternelle.

On comprend dès lors l'importance de notre sujet. Sans son droit de garde, comment le père pourrait-il remplir ce « devoir sacré » qu'on lui impose ? Comment pourrait-il exercer cette direction, façonner, pétrir ce caractère, si l'enfant, maître de lui, pouvait aller où bon lui semble et si les parents ne pouvaient l'obliger à demeurer chez eux ? Toute surveillance serait impossible. L'enfant serait soumis à toutes sortes d'influences étrangères que le père ne pourrait combattre. Les parents seraient impuissants dans l'accomplissement de leur mission ; aussi a-t-on établi à leur profit le droit de garde qui leur permet de retenir l'enfant chez eux ou de le placer là où ils jugent bon. Ils peuvent ainsi exercer une surveillance efficace et s'acquitter de leur tâche. Le droit de garde n'est en somme que le moyen donné aux père et mère de remplir leur devoir d'éducation.

Il semble que le législateur n'en ait pas compris toute la portée et l'importance vu le laconisme de la loi. L'article 374 est aussi concis que possible et les autres textes relatifs à notre sujet ne parlent que de l'attribution du droit de garde sans nous en indiquer les conséquences. De graves difficultés se sont élevées dans la pratique et de nouvelles surgissent chaque jour, ce qui donne un intérêt particulier à l'étude de cette question.

Enfin, depuis que le divorce a été rétabli dans notre législation en 1884, le droit de garde a pris une importance considérable. Les enfants ont toujours été une objection contre le divorce. La principale question qui se pose en présence de la rupture de l'union conjugale est de savoir ce que vont devenir les enfants. A qui vont-ils être confiés ? Quels seront les droits du gardien ? Quelle influence exercera le droit de garde sur l'exercice de la puissance paternelle ? Autant de questions qui rentrent dans le cadre de notre étude et que nous aurons l'occasion de traiter. Devant la fréquence des divorces cette matière est des plus intéressantes, d'autant plus que de graves controverses se sont élevées, pro-

voquées par le silence si regrettable du législateur.

Nous diviserons notre sujet en six parties.
Première partie : Le droit de garde pendant le
mariage ; *Deuxième partie* : Pendant et après le
divorce ; *Troisième partie* : Influence du droit de
garde sur l'exercice de la puissance paternelle ;
Quatrième partie : Sanction du droit de garde ;
Cinquième partie : Le droit de garde dans la filiation naturelle ; *Sixième partie* : Extinction du
droit de garde.

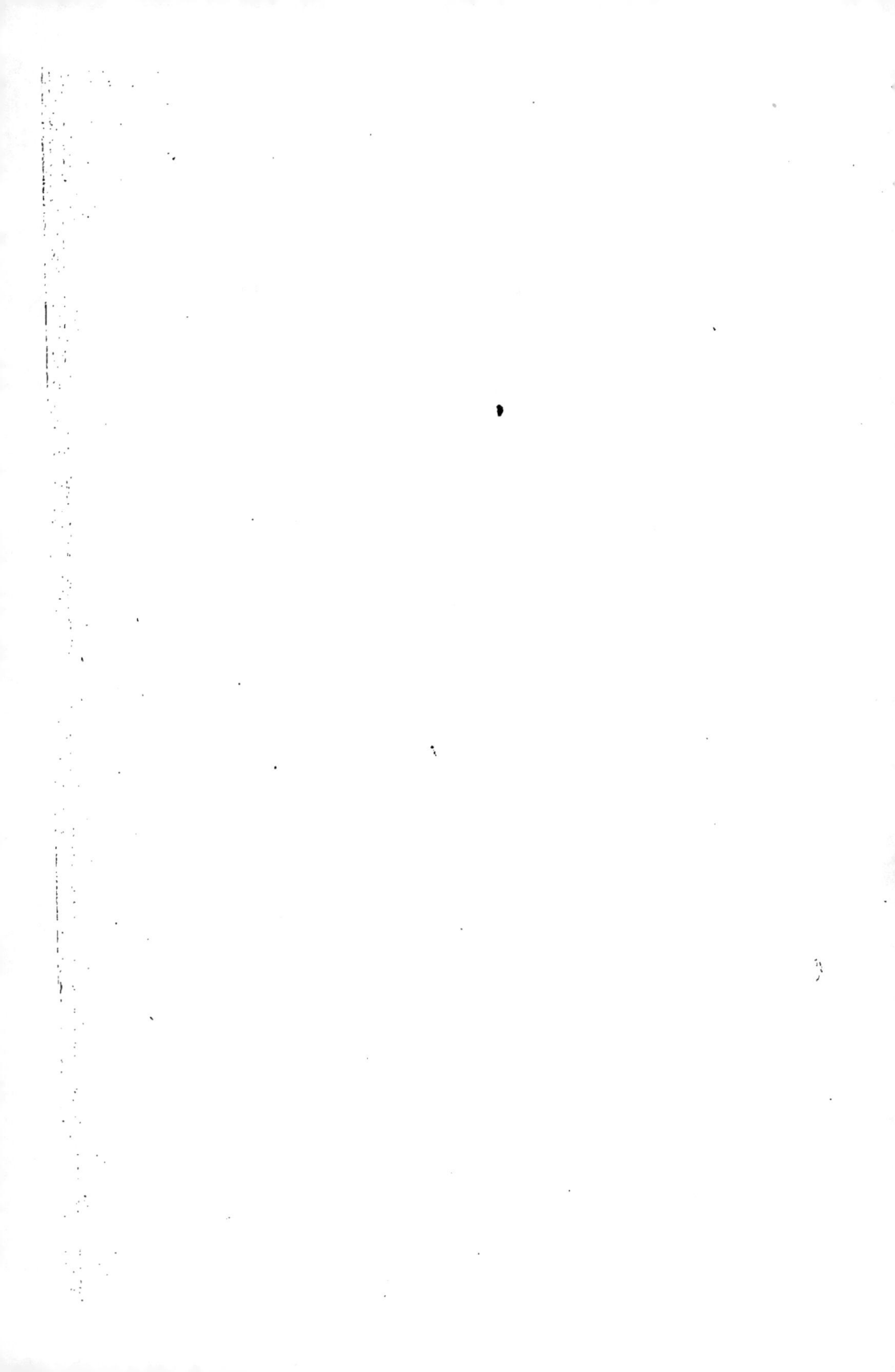

PREMIÈRE PARTIE

CHAPITRE PREMIER

LE DROIT DE GARDE PENDANT LE MARIAGE

Le droit de garde pendant le mariage appartient au père. L'article 372 attribue, il est vrai, collectivement au père et à la mère la puissance paternelle, mais l'article 373 dispose que le père exerce seul cette autorité durant le mariage ». Conformément à ce texte on doit décider que tant que l'union conjugale n'est pas dissoute par une cause quelconque le père jouit d'un privilège, relativement à la puissance paternelle qui lui confie l'exercice de tous les attributs, en particulier du droit de garde. Cette solution est adoptée par l'unanimité de la doctrine et ne soulève aucune difficulté.

Cette prépondérance du père est nécessaire dans toute association, il faut un chef, une direction unique, une autorité qui commande. Il est de la nature que cette fonction revienne au père, qui est le plus à même de la remplir au mieux des intérêts de la famille. N'est-il pas du reste le chef du ménage à qui la femme doit obéissance? Ce privilège s'explique par la règle de l'article 213.

Mais si le père vient à manquer, s'il est absent ou interdit, le droit de garde passe-t-il à la mère? Une doctrine soutient que la femme ne peut exercer la puissance paternelle tant que le mariage n'est pas dissous. On invoque l'article 373 : « Le père exerce *seul* cette autorité durant le mariage ». La femme ne peut donc en être investie, dit Proudhon (t. II, page 244), qu'à la mort du mari ou à la rupture de l'union par la suite du divorce des époux. Tant que le mariage subsiste, la mère ne peut exercer la puissance paternelle en son nom personnel, encore que le père soit incapable. Cette doctrine est une interprétation trop littérale de l'article 373. Ce texte n'envisage que le *plerumque fit* et ne saurait être pris à la lettre. D'après les principes qui régissent la puissance paternelle, la mère investie de cette autorité en vertu de l'article 372 doit en recouvrir l'exercice, à défaut du père. Si l'article 373 dispose

que le père exerce seul cette autorité durant le
mariage, c'est pour éviter les conflits qui naîtraient de cette dualité de droits. On a réservé
au mari l'exercice de la puissance paternelle
pour amener l'unité de direction qui semble
nécessaire dans toute société. Mais quand ce chef
vient à manquer, la femme reprend l'exercice
des droits qu'elle possédait et que la présence
du père seule paralysait Cette suppléance semble
tacitement admise par le législateur. L'article 141
en dispose ainsi en cas d'absence : « Si le père
a disparu laissant des enfants mineurs issus
d'un commun mariage, la mère en aura la surveillance et elle exercera tous les droits du mari
quant à leur éducation et à l'administration de
leurs biens ». Cette disposition ne s'applique
évidemment qu'au cas d'absence au sens technique. Si le père est seulement non présent, la
femme n'exerce le droit de garde qu'au nom du
mari. Pourquoi n'étendrait-on pas par analogie
la règle de l'article 141 et en déciderait-on
autrement dans les autres cas ? « Quelle différence raisonnable peut-on établir demande
M. Valette (Valette sur Proudhon, t. II, page 245)
entre le cas où le père a disparu et ceux où il
est privé soit de l'exercice actif de la puissance
paternelle, soit de cette puissance même par
suite du dérangement de la raison, du crime dont

il s'est rendu coupable ? » Du moment que le père, pour quelque cause que ce soit est dans l'impossibilité d'exercer la puissance paternelle l'obstacle qui paralysait les droits de la femme disparaît et c'est elle qui en a l'exercice. C'est en ce sens que s'est prononcée la grande majorité des auteurs (1).

L'incapacité du père peut d'abord résulter d'une interdiction judiciaire, à raison de son état d'esprit ou quoique non interdit de son internement dans une maison d'aliénés. Le fait de son internement prouve surabondamment son incapacité. Le droit de garde passe alors à la mère. En est il de même quand le père incapable n'est ni interdit ni interné. Toute la difficulté provient de ce qu'il y a incertitude au sujet de l'incapacité du père. C'est une question de fait sur laquelle les tribunaux seront appelés à se prononcer.L'interdiction légale qui résulte de certaines condamnations à une peine afflictive, prive celui qui en est frappé de l'exercice de ses droits : c'est encore un cas où la mère exercera le droit de garde.

1. Marcadé, t. III, n° 134 ; Demante, t. II, n° 155 ; Demolombe, n°s 213 et 214 ; Aubry et Rau, t. VI, n° 550 ; Chardon, t. II, n° 49 ; Pothier, *Des personnes*, 3° partie, titre VI ; Vazelles Manoge, t. II, p. 405 ; Delvincourt, t. I, p. 245 ; Tandieu, p. 101 ; Boistel, p. 196 ; Leloir, t. 1, n° 301.

En cas de déchéance de la puissance paternelle l'article 9 de la loi du 24 juillet 1889 dispose que les tribunaux pourront confier la puissance paternelle à la mère. Elle ne l'a donc pas de plein droit. C'est une dérogation au principe que nous avons admis établie pour des raisons spéciales. On a craint que la femme ne subisse l'influence du mari et que les mêmes désordres ne se renouvellent.

La mère n'exerce donc qu'exceptionnellement le droit de garde durant le mariage ; tant que le père est présent et capable lui seul en est investi.

Le droit de garde est inaliénable. Les époux, encore que ce soit par contrat de mariage, ne sauraient y déroger ou le modifier. La puissance paternelle et par conséquent le droit de garde qui en est un attribut sont d'ordre public : toute convention faite à ce sujet doit être déclarée nulle en vertu des articles 6 et 1388 du Code civil. Les tribunaux ont appliqué à plusieurs reprises ce principe en déclarant nulle une convention dans laquelle il était stipulé que les enfants seraient élevés chez leurs grands-parents, de même a été déclaré non valable l'engagement pris par le titulaire du droit de garde de faire conduire chez leurs ascendants leurs petits-enfants pendant un certain nombre de jours déterminé

Certes, les parents peuvent confier leurs enfants à un tiers. Ils peuvent le placer dans un établissement d'éducation ou d'apprentissage, mais
dans ces contrats d'apprentissage ou de louages
de services, il n'y a pas cession du droit de
garde. Ils sont essentiellement révocables et les
maîtres ou patrons ne sont que les préposés des
parents.

Etant inaliénable, le droit de garde est impres-
criptible. Il arrive souvent que les parents confient les enfants à leurs grands-parents, en les
chargeant du soin de les élever; mais quel que
soit le laps de temps qui eût pu s'écouler, le
père peut toujours demander à ce que son enfant
lui soit rendu et le tiers ne peut sans aucun prétexte se refuser à s'exécuter.

De même qu'on ne saurait porter atteinte au
droit de garde par convention, de même il est
interdit de le faire par testament. A la mort de
l'un des époux le droit de garde passe de plein
droit au survivant et toute clause testamentaire
qui aurait pour effet de limiter ou violer le droit
du survivant devrait être déclarée nulle, que le
testament émane de l'un des conjoints ou d'un
tiers.

A ce principe d'inaliénabilité du droit de
garde il existe cependant deux exceptions qu'il
est utile d'étudier sommairement.

La première exception a lieu en cas de tutelle officieuse.

La tutelle officieuse « résulte d'un contrat par lequel une personne se soumet envers un mineur aux obligations ordinaires de la tutelle et s'engage en outre à le nourrir, à l'élever et à le mettre en état de gagner sa vie dans le but de l'adopter plus tard » (1). On sait que l'adoption ne peut avoir lieu qu'à la majorité de l'adopté. La tutelle officieuse a pour heureux effet de permettre d'adopter des mineurs sous forme testamentaire. Cette tutelle officieuse transfert à l'adoptant le droit de garde et d'éducation d'une façon définitive. Les parents ne peuvent revenir sur le consentement qu'ils ont donné. C'est donc un cas où les père et mère sont autorisés à faire cession de leurs droits.

La seconde exception résulte des articles 17 et 19 de la loi du 24 juillet 1889. Avant cette loi l'assistance publique ou les personnes charitables qui recueillaient des mineurs abandonnés ne pouvaient s'opposer à ce que les parents reprennent leurs enfants quand ils en formaient la demande, de sorte qu'après avoir élevé l'enfant tant qu'il constituait une charge, elles se le voyaient enlever quand leur entretien deve-

1. Huc, *Traité théorique et pratique du Code civil*, p. 161.

nait moins onéreux. Les parents étaient bien
tenus en principe de rembourser les frais mais
ce recours était le plus souvent illusoire. C'est
pour prévenir cette fraude que la loi du 24 juillet 1889 autorise les père et mère à faire cession
judiciaire des droits dérivant de la puissance
paternelle. Cette loi prévoit deux cas où la
délégation de la puissance paternelle peut être
faite par autorité de justice : le cas où l'enfant
a été abandonné par ses parents et recueilli
sans leur intervention et celui où les père et
mère le placent volontairement soit dans un
hospice, soit chez une personne qui veut
bien s'en charger. Nous n'envisagerons que
cette dernière hypothèse. Lorsque des admi-
nistrations publiques, des associations de bien-
faisance ou des particuliers ont accepté la
charge de mineurs de seize ans que des pères
ou mères leur ont confiés, le tribunal du domicile de ces pères ou mères peut décider qu'il y
a lieu de déléguer à l'assistance publique les
droits de la puissance paternelle abandonnés par
les parents et de remettre l'exercice de ces droits
à l'établissement ou au particulier gardien de
l'enfant. Les parents ne sont pas déchus de la
puissance paternelle, il y a seulement cession
judiciaire de l'exercice de cette autorité. Désor-
mais les parents ne peuvent plus reprendre leurs

enfants qu'après avoir obtenu un jugement. Les père et mère qui veulent obtenir que l'enfant leur soit rendu s'adressent au tribunal de la résidence de l'enfant. Le tribunal après avoir appelé celui auquel l'enfant a été confié et le représentant de l'assistance publique, ainsi que toute personne qu'il juge utile, procède à l'examen de l'affaire en chambre du conseil, le ministère public entendu. Si le tribunal juge qu'il n'y a pas lieu de rendre l'enfant aux père et mère, il peut sur la réquisition du ministère public maintenir à l'établissement ou au particulier gardien les droits qui lui ont été conférés. En cas de remise de l'enfant il fixe l'indemnité due à celui qui en a eu la charge ou déclare qu'à raison de l'indigence des parents il ne sera alloué aucune indemnité. Quand la demande des parents a été rejetée elle peut être renouvelée mais seulement trois ans après le jour où la décision de rejet est devenue irrévocable. De cette façon l'assistance publique ou les personnes charitables qui ont recueilli le mineur sont à l'abri de la réclamation des parents et la restitution de l'enfant ne peut avoir lieu qu'en vertu d'un jugement *ad hoc*.

Cette seconde dérogation au principe de l'incessibilité du droit de garde est beaucoup plus importante que la première. La tutelle

officieuse est assez rare. On en trouve peu
d'exemples dans la pratique.

Le père investi du droit de garde dirige l'éducation de l'enfant. Il choisit librement la maison
d'éducation ou d'apprentissage où l'enfant sera
placé. Il est juge de ses fréquentations. Il peut
lui interdire de voir telle ou telle personne, sans
qu'il ait à faire connaître les motifs de sa détermination et sans qu'on puisse contrecarrer sa
volonté par un recours devant les tribunaux. Il
examine aussi la correspondance de l'enfant.
Il peut intercepter les lettres qu'il écrit ou qu'il
reçoit malgré le principe de l'inviolabilité des
lettres missives. Son pouvoir est aussi étendu
que possible. En principe les tribunaux ne peuvent s'immiscer dans l'exercice du droit de
garde. Le père de famille a le droit absolu de
choisir le mode d'éducation qui sera donné aux
enfants, l'établissement où ils seront élevés, de
régler leurs relations avec les personnes du
dehors, les raisons et les mobiles directeurs de
la conduite du père sont difficiles à apprécier et
l'intervention de la justice ne pourrait que rendre
les disensions de famille plus profondes. Comme
l'a dit la Cour de Bordeaux (1) « il est des rap-
ports si délicats et si intimes que le plus sage est

1. Bordeaux, 13 juin 1860, D. P. 61. 2. 92.

de les laisser a eux-mêmes et qu'ils se trouvent mieux en général de l'abstention du juge que de son entremise ». Du reste aucun texte ne leur donne formellement ou implicitement le droit d'intervenir et cette prétention semble contraire à l'esprit des articles 372 et 373 qui établissent la puissance paternelle.

Cependant ce pouvoir du père ne saurait être absolu. Quand il s'agit de régler les relations des enfants avec leurs grands-parents, les tribunaux ont le droit d'intervenir pour assurer le respect du droit incontestable qui appartient aux ascendants de voir et de correspondre avec leurs petits-enfants. Les tribunaux tout en admettant que le droit de garde est un droit souverain auquel « hors des cas déterminés par la loi, le juge ne saurait porter atteinte et dessaisir même momentanément l'autorité du père » reconnaissent aux grands-parents un droit de visite sur leurs descendants, droit qui dérive de l'article 371 et ils interviennent, à juste raison pour autoriser des relations entre eux malgré l'opposition du père (1).

Non seulement les grands-parents ont été

1. Civ. C., 26 juillet 1870, D. P. 71. 1. 217 ; Civ. C., 28 juillet 1891. D. P. 92. 1. 70 ; Bourges, 8 décembre 1884, D P. 84. 2. 55 ; Paris, 26 février 1892, D. P. 2. 311 ; Paris, 24 juin 1892, D. P. 93. 2. 81.

autorisés à voir leurs petits-enfants soit au domicile de leur père, soit dans l'établissement où ils
ont été placés, mais même en cas de force majeure, le père peut être astreint à conduire les
enfants au domicile des grands-parents (en ce
sens, Amiens, 28 avril 1892, *Journ. aud.*, *Amiens*,
page 53), s'il n'y a pas d'autre moyen d'assurer
leur droit de visite, à raison de leur grand âge
ou de leurs infirmités. On ne saurait non plus
mettre à l'exercice de ce droit de visite une
entrave quelconque ou une condition vexatoire
comme par exemple, la présence nécessaire du
père ou d'un tiers. Les tribunaux ont à juste raison repoussé cette prétention (1). Enfin les
enfants peuvent même être autorisés à faire à
leurs grands-parents des visites dépassant la
journée restreintes à un nombre de jours déterminés, à certaines périodss de l'année, telles que
Noël, Pâques, grandes vacances (2). Cette mesure ne saurait être ordonnée que pour des raisons d'utilité pratique ou de haute convenance.
Les tribunaux doivent autant que possible ne
pas porter atteinte aux droits du père, tout en

1. Req., 12 juillet 1870, D. P. 71. 1. 218 ; Req., 12 février 1894, D. P. 94. 1. 218 ; Lyon, 25 mars 1886, D. P. 87.
2. 155.
2. Nîmes, 3 août 1898, D. P. 92. 2. 381.

assurant l'exécution du droit des grands-parents.

Le père durant le *mariage* exerce, en même temps que le droit de garde, tous les autres attributs de la puissance paternelle (art. 373). Seul, il est investi du droit de correction. La détention de l'enfant aura lieu soit par voie d'autorité, soit par voie de réquisition si le mineur est âgé de plus de seize ans ou possède des biens personnels.

C'est au père qu'appartient le droit d'émancipation (art. 477) et en cas de mariage de l'enfant son consentement l'emporte quand il y a dissentiment entre les conjoints (art. 148). Enfin il a également l'usufruit et l'administration légale des biens du mineur (art. 384 et 389 Code civil).

DEUXIÈME PARTIE

CHAPITRE PREMIER

LE DROIT DE GARDE PENDANT L'INSTANCE EN DIVORCE ET SÉPARATION DE CORPS

L'article 240 qui règle cette matière s'exprime ainsi : « Le tribunal peut, soit sur la demande de l'une des parties intéressées, soit sur celle de l'un des membres de la famille, soit sur les réquisitions du ministère public, soit même d'office, ordonner toutes les mesures provisoires qui lui paraissent nécessaires dans l'intérêt de l'enfant ». Ainsi le tribunal jouit d'un très large pouvoir. Avant d'aborder l'étude des décisions qu'il peut prendre, il y a eu lieu de se demander à qui appartient le droit de garde tant que le tribunal n'a pas statué sur cette question. Le père en reste-t-il investi ?

L'ancien article 267 avait prévu cette situation et décidait que l'administration provisoire des enfants restait au mari demandeur tant qu'il n'en avait pas été autrement ordonné par le tribunal Il était conçu en ces termes : « l'administration provisoire des enfants restera au mari demandeur ou défendeur, à moins qu'il n'en soit autrement ordonné par le tribunal sur la demande de la mère, soit de la famille, soit du ministère public, pour le plus grand avantage des enfants ». Ainsi, maintien du *statuquo*, à moins d'une décision contraire. Le père restait investi du droit de garde, comme il l'était durant le mariage. C'était du reste la meilleure solution.

La loi du 13 avril 1886 en abrogeant l'article 267 n'a pas rappelé cette disposition, mais on admet néanmoins que le principe de l'ancien article 267 est maintenu dans le paragraphe 2 de l'article 240. L'exposé des motifs de la loi de 1886 le laisse entendre et c'est une application logique des notions de la puissance paternelle. Tant que le divorce n'est pas prononcé, le mariage subsiste. L'article 373 doit donc s'appliquer ; avec ce correctif nécessaire que les juges peuvent, quand l'intérêt de l'enfant l'exige, ordonner des mesures contraires. La jurispru-

dence et la doctrine sont conformes à ce sujet :
le droit de garde appartient au père tant que les
tribunaux n'en ont décidé autrement comme ils
ont le droit de le faire en vertu des articles 238
et 240.

Ces deux articles 238 et 240, Code civil, qui
permettent aux juges d'enlever au père les
enfants pour les confier à une autre personne
sont une atteinte profonde aux droits de la puissance paternelle, mais cette dérogation au droit
commun se justifie aisément par l'intérêt des
enfants. Le père peut être indigne, il fallait penser à les soustraire à cette influence, leur âge,
leur santé exigent souvent les soins d'une mère,
pouvait-on les en priver? Il ne faut pas que les
enfants soient victimes des dissensions de leurs
parents et on ne saurait qu'approuver le législateur d'avoir dans un texte si élastique, permis
de remédier dans la mesure du possible aux
conséquences néfastes du divorce à l'égard des
enfants. Grâce à ce pouvoir si large qui leur est
donné les tribunaux pourront ordonner des
mesures qui, conformes au plus grand avantage
des enfants, adouciront leur condition et ren-
dront leur sort moins pénible.

Les juges ont pleins pouvoirs dans le choix
du gardien. Ils désignent qui bon leur semble :
une seule considération doit influencer leurs

décisions : l'intérêt de l'enfant. Ils ne sont pas tenus de choisir un des époux; ils peuvent remettre la garde de l'enfant à un tiers et décider qu'il sera placé dans un établissement d'éducation. Les articles 238 et 240 ne le disent pas expressément; mais on peut admettre que si les juges peuvent le faire à titre de mesure définitive conformément à l'article 302 ils ont *a fortiori* le même droit quand ils ne prennent que des mesures provisoires.

Il y a lieu de se demander quelles sont les autorités chargées de rendre ces décisions au cours de l'instance. Elles varient suivant que le tribunal est saisi ou non de la demande en divorce ou séparation de corps. Nous distinguerons deux périodes : celle qui comprend le préliminaire de conciliation jusqu'à l'assignation et celle qui s'étend de l'assignation au prononcé du jugement.

Première période. — Il nous semble utile de résumer brièvement la procédure : l'époux qui veut former une demande en divorce présente en personne sa requête au président du tribunal ou du juge qui en fait fonction. Le juge après avoir entendu le demandeur et lui avoir fait les observations qu'il croit utiles, ordonne au bas de la requête que les parties comparaîtront devant lui au jour et à l'heure qu'il indique et commet un huissier pour notifier la citation. Il peut en outre, par l'ordonnance permettant de citer, autoriser la femme à avoir un domicile séparé, en indiquant le lieu de la résidence provisoire. Au jour indiqué, le juge entend les parties en personne : c'est la tentative de conciliation. En cas de non-conciliation ou de défaut le juge rend une ordonnance qui constate la non-conciliation ou le défaut et autorise le demandeur à assigner devant le tribunal. L'époux demandeur en divorce a alors vingt jours pour user de la permission de citer qui lui a été accordée par l'ordonnance du président. Une fois l'assignation faite le tribunal est saisi.

C'est dans cette ordonnance constatant la non-conciliation et autorisant le demandeur à assigner que le président est appelé à prendre certaines mesures utiles au sujet des enfants. « Le juge statue à nouveau, dit l'article 138, alinéa 2, s'il y a lieu, sur la résidence de l'époux demandeur, sur la garde provisoire des enfants, sur la remise des effets personnels et il a la faculté de statuer également, s'il y a lieu, sur la demande d'aliments ». Aussi, en vertu de ce texte, le président du tribunal peut ordonner des mesures provisoires concernant la garde de l'enfant tant que le tribunal n'est pas saisi. C'est une innovation. Avant la loi de 1886, ce pouvoir ne lui appartenait pas. L'ancien article 267 n'autorisait que le tribunal à rendre de semblables décisions. « L'administration provisoire des enfants restera au mari demandeur ou défendeur, à moins que le *tribunal* n'en ordonne autrement... ». Le tribunal seul pouvait donc se prononcer à ce sujet et non le juge conciliateur. Cependant, en matière de séparation de corps, il pouvait, en vertu de l'article 878, Code de procédure, autoriser la femme à prendre une résidence séparée. Ce recours obligatoire aux tribunaux entraînait des lenteurs préjudiciables aux enfants ; aussi la jurisprudence et la doctrine elle-même lui avaient-elles permis de statuer sur la garde des enfants, comme juge des référés, en se basant sur l'article 806, Code de procédure civile. Ce texte autorise le juge à statuer sur toutes les matières en cas d'urgence : il était donc légitime de lui accorder ce droit dans notre cas où l'urgence est manifeste. L'intérêt de l'enfant exige souvent qu'il soit statué sur-le-champ, sans être astreint à attendre un jugement du tribunal Il n'y a du reste pas lieu de s'attarder sur ces discussions qui n'ont plus qu'un intérêt rétrospectif : le nouvel article 238 donne formellement au juge conciliateur le droit d'ordonner toutes les mesures provisoires qu'il juge utile. Il n'est donc plus nécessaire qu'il y ait urgence comme avant la loi de 1886. Le président du tribunal est appelé à statuer sur le droit de garde en vertu du texte précis de l'article 238, Code civil.

Ce texte soulève néanmoins une difficulté. Il semble admettre que le juge conciliateur peut prendre des mesures provisoires concernant la garde des enfants dès l'ordonnance permettant de citer. puisqu'il est appelé à statuer à nouveau sur la résidence de la femme, sur la garde des enfants, etc., lorsque la citation a eu lieu. Cette interprétation ne doit pas être admise. Les mots « à nouveau » contenus dans l'article 238 se rapportent à la résidence de la femme et non à ce qui suit. En vertu de l'article 236, le président peut autoriser la femme à avoir un domicile séparé en rendant le permis de citer, dans son ordonnance de non-conciliation, il statue à nouveau à ce sujet, mais non à nouveau sur la garde des enfants. Il ne peut le faire qu'une fois que la tentative de conciliation a échoué, et seulement dans son ordonnance permettant au demandeur d'assigner le défendeur devant le tribunal.

L'article 238 dit aussi : « le juge statue sur la garde provisoire des enfants ». Est-il tenu de le faire ? Une première opinion soutient que l'ordonnance du président du tribunal doit contenir obligatoirement une disposition concernant la garde du mineur. On fait valoir l'opposition qui existe dans la rédaction du texte au sujet de la garde des enfants et de la demande d'aliments.

« Le juge statue sur la garde des enfants », dit l'article 238 et « il a la *faculté* de statuer, s'il y a lieu, sur la demande d'aliments ». Dans un cas, il y est donc tenu, dans l'autre, ce n'est pour lui qu'une faculté. Nous estimons que la doctrine contraire est préférable. Le juge n'a à prendre une décision qu'autant qu'il estime que l'intérêt de l'enfant l'exige. Pourquoi serait-il obligé de rendre une décision, quand le père conserve son droit de garde ? Une décision n'est utile qu'autant qu'il s'agit de retirer un droit à quelqu'un et conférer ce droit à une autre personne. Mais ici il n'est nul besoin d'attribuer le droit de garde au père. Il en est investi en vertu de la loi elle-même. Si la loi de 1886 dit : « Le juge statue sur la garde des enfants », c'est afin de lui accorder formellement le droit de le faire et trancher ainsi la controverse qui s'était élevée avant la loi de 1886 au sujet de sa compétence, mais elle n'a pas entendu lui imposer une obligation de statuer quand il n'est pas nécessaire de le faire. Bien plus, il nous semble non seulement qu'il n'y a là aucune obligation pour le président du tribunal, mais même

qu'il ne peut statuer sans une demande préala-
ble. Cette opinion est très controversée. Une doctrine soutenue par de nombreux auteurs (en ce
sens, Vraye et Gode, 2ᵉ édition, t. II, p. 17) reconnaît au juge conciliateur le pouvoir de statuer
d'office, de même que le tribunal, quand il est
saisi. Il nous semble cependant que si ce droit
devait être reconnu au juge conciliateur, le
législateur l'aurait dit, comme il l'a fait dans
l'article 240. Il suffit de rapprocher ces deux
textes. L'article 240 accorde le droit de provoquer ces mesures non seulement à l'une des
parties, mais à tout membre de la famille, au
ministère public et accorde expressément au
tribunal le droit de statuer d'office. Dans l'article 238, il n'en est pas question. Pourquoi cette
différence de rédaction dans deux textes si proches l'un de l'autre ? Du reste, dans le silence
de la loi, on doit s'en tenir à la lettre du
texte et à défaut d'une disposition formelle,
nous admettrons que le juge conciliateur ne
peut statuer qu'à la requête de l'un des époux.

Le juge conciliateur, en vertu de l'article 238,
peut ordonner toutes les mesures provisoires
qu'il juge utiles dans l'intérêt des enfants. Nous
avons vu qu'il était entièrement libre dans le
choix du gardien et qu'il ne devait se baser que
sur le plus grand avantage des enfants.

Ses décisions sont provisoires et révocables. Il peut les modifier ou les rapporter quand les circonstances l'exigent et que l'intérêt des enfants en demande de nouvelles. En outre elles sont susceptibles d'être réformées en appel. « L'ordonnance de l'article 238 est exécutoire par provision ; elle est susceptible d'appel dans les délais fixés par l'article 809 du Code de procédure », c'est à-dire dans les quinze jours à partir de la signification. Enfin, comme nous allons le voir, elles peuvent être modifiées par le tribunal lorsqu'il est saisi.

Deuxième période. — Une fois l'ordonnance du juge conciliateur rendue le demandeur en divorce a un déla. de vingt jours pour user de la permission de citer. Le tribunal est alors saisi au fond. A qui appartient alors le droit d'ordonner les mesures provisoires ? Deux textes répondent à notre question.

« Lorsque le tribunal est saisi, dit l'article 238, alinéa 5, les mesures provisoires prescrites par le juge peuvent être modifiées ou complétées au cours de l'instance par jugement du tribunal sans préjudice du droit qu'a toujours le juge de statuer en tout état de causes en référé sur la résidence de la femme », et l'article 240 ajoute : « le tribunal peut soit sur la demande de l'une des parties intéressées, soit sur celle de l'un des membres de la famille, soit sur les réquisitions du ministère public, soit même d'office ordonner toutes les mesures provisoires qui lui paraissent nécessaires dans l'intérêt des enfants ».

Ainsi conformément à l'article 238 le tribunal saisi peut d'abord modifier ou compléter les mesures provisoires ordonnées par le juge conciliateur. Les décisions du président du tribunal ne cessent pas par le seul fait de l'assignation. Elles subsistent mais le juge ne peut plus les modifier ou les rapporter, c'est au tribunal seul à le faire.

Nous avons vu que l'ordonnance du juge conciliateur pouvait être reformée en appel, d'un autre côté l'article 238, alinéa 5, dispose que le tribunal seul, lorsqu'il est saisi, a le droit de les modifier, comment concilier le conflit qui peut s'élever au sujet de ces deux textes ? On peut supposer que l'un des époux a interjeté appel de l'ordonnance du président et qu'en outre le tribunal a été saisi pendant les quinze jours où l'appel était possible. Doit-on admettre, malgré le texte formel de l'article 238, alinéa 5, qui réserve au tribunal seul le droit de rapporter ou modifier les mesures provisoires ordonnées par le président, lorsqu'il est saisi, que la Cour peut néanmoins le prononcer ? La Cour de cassation a admis l'affirmative, faisant ainsi cesser la controverse qui s'était élevée à ce sujet.

En se basant sur les termes de l'article 238, une opinion soutenait que sitôt le tribunal saisi, c'était à lui seul qu'appartenait le droit de modifier ou d'annuler la décision du président. La Cour devenait incompétente sitôt que l'assignation avait été faite encore que l'appel eût été interjeté avant

D'autres auteurs faisaient une distinction : la Cour demeurait saisie si l'appel était antérieur à l'assignation, dans le cas contraire elle devait se dessaisir de l'affaire. Cette distinction ne repose sur aucune base. L'article 238 accorde le droit d'appel pendant quinze jours sans distinguer entre les deux périodes. Cette doctrine, il est vrai, s'inspirait des travaux préparatoires de 1886. La commission avait proposé de remplacer les termes actuels par la rédaction suivante : « l'ordonnance est susceptible d'appel dans les délais de l'article 809, C. proc. civile, tant que le tribunal n'a pas été saisi de la demande principale. Dans le cas contraire, la Cour se trouvera dessaisie ». Mais cet amendement n'a pas été inséré dans la loi, aussi ne peut-on que s'en rapporter aux règles ordinaires de l'appel, dans le silence du législateur : c'est en ce sens que la Cour de cassation s'est prononcée à juste raîson (1). L'appel est possible dans tous les cas tant que les délais de l'article 809 ne sont pas expirés. Du reste, cela a peu d'importance, le dernier mot restera tou- jours au tribunal puisqu'il peut ordonner de nouvelles mesures

Quant à la première opinion elle est trop en contradiction avec les principes généraux de notre procédure pour être admise. L'appel est de droit commun et l'intervention de la Cour s'impose. On ne comprend pas non plus très bien que la Cour se trouve dessaisie, une fois saisie. Enfin c'est permettre au demandeur d'at- tenter aux droits du défendeur. Il lui suffira de lancer l'assignation pour que celui-ci se trouve privé de son recours.

Outre son droit de modifier ou compléter les mesures ordonnées par le président, le tribunal peut également prendre toute décision nouvelle dans l'intérêt de l'enfant. « Ces mesures, dit l'article 240, seront ordonnées soit sur la de- mande de l'une des parties intéressées, soit sur celle de l'un des membres de la famille, soit sur les réquisitions du ministère public, soit même d'office ». Que faut-il entendre par tout membre

1. Paris, 3 février 1887, S. 1899. 2. 9 ; Paris, 20 décem- bre 1890 ; *Pand. pér.*, 1891. 2. 183.

de la famille? Tout d'abord, la polémique qui s'élevait sur le texte de l'ancien article 267 disparaît. Ce n'est pas le conseil de famille qui est appelé à provoquer ces mesures : c'est tout membre pris individuellement. Cette erreur provenait de ce que l'ancien article 267 portait « la famille » et non « les membres de la famille ». On en avait conclu que les parents ne pouvaient intervenir personnellement et individuellement et que seul le conseil de famille en avait le droit. Depuis que le nouvel article 240 a modifié ce texte, le doute n'existe plus. Mais faut-il admettre que tout membre, à quelque degré qu'il soit, soit investi du droit d'intervention ?

Une opinion soutient que les parents au delà du douzième degré doivent être écartés Au delà la parenté n'a plus d'effet, dit-on, elle n'existe plus devant la loi. Cette doctrine nous semble erronée. Cette règle n'existe qu'en matière de succession et le fait de ne pouvoir succéder n'enlève pas la qualité de membre de la famille. Sont parents tous ceux qui sont unis par les liens du sang à quelque degré qu'ils soient et tous doivent avoir le droit d'intervenir (1).

1. En ce sens. Carpentier, *Traité théorique et pratique du divorce*, p. 2, n° 89; Vraye et Gode, *Le divorce et la séparation de corps*, 2ᵉ édit., t. II, n° 523; Depuges, *De la procédure du divorce et séparation de corps*, n° 79.

Outre les père et mère et les membres de la famille, le ministère public est également admis à présenter des réquisitions en vue de faire confier la garde de l'enfant soit à la mère soit à un tiers. Il agira comme partie jointe, soit comme partie principale, suivant les cas. Le tribunal peut même, dit l'article 240, statuer d'office. Nous avons vu que selon nous ce même pouvoir n'existe pas pour le juge conciliateur. Ici le texte est formel.

Malgré l'article 240 qui donne au tribunal saisi le droit d'ordonner des mesures provisoires nécessaires dans l'intérêt des enfants, le président peut-il encore, en cas d'urgence, statuer en référé ? Certains auteurs admettent l'affirmative (M. Vraye et Gode, t. II, p. 17); d'autres (M. Coulon, t. IV, p. 258) en invoquant le texte de l'article 240 qui selon lui est impératif et l'alinéa 5 de l'article 238 qui n'autorise le président à statuer en référé que sur la résidence de la femme soutiennent la théorie opposée. Certes la doctrine de M. Coulon a pour elle d'être conforme à la lettre du texte mais l'article 238 ne nous semble qu'énonciatif; quant à l'article 240 il n'est pas absolu au point d'apporter une dérogation au droit commun. Le tribunal est en principe compétent mais quand il y a urgence, ce sont les règles ordinaires établies en matière de référés qui doivent s'appliquer et le président peut être saisi conformément à l'article 806 du Code de procédure civile. Les décisions intéressant les enfants présentent un caractère d'urgence manifeste. Dans bien des cas elles doivent être prises rapidement et si l'on était tenu d'attendre une décision du tribunal, l'intérêt des enfants qui est toujours le but à envisager pourrait en souffrir. Du reste avant la loi de 1886, le juge des référés n'était-il pas reconnu compétent en notre matière ? Si la loi de 1886 avait entendu lui retirer son droit, elle l'aurait dit mais telle n'était pas l'intention du législateur. Son seul but a été d'attribuer une compétence certaine au juge conciliateur et au tribunal pour les cas qui ne présentent pas un caractère d'urgence suffisante pour justifier la compétence du juge des référés. Du reste cette procédure n'est pas arbitraire. Ces ordonnances sont susceptibles d'appel tout comme les jugements.

CHAPITRE II

LE DROIT DE GARDE APRÈS LE DIVORCE

Nous venons de voir que le président pendant le préliminaire de conciliation, le tribunal pendant l'instance en divorce, prennent toutes les décisions qu'ils jugent nécessaires dans l'intérêt des enfants. Ces mesures ne sont que provisoires et ne durent que jusqu'au prononcé du jugement. A ce moment le tribunal est appelé à statuer définitivement sur le droit de garde. A qui vont être attribués les enfants ? Sur ce point l'article 302 stipule « les enfants seront confiés à l'époux qui aura obtenu le divorce, à moins que le tribunal sur la demande de la famille ou du ministère public, n'ordonne pour le plus grand avantage des enfants que tous ou quelques-uns d'entre eux seront confiés aux soins de l'autre époux, soit d'une tierce personne ».

Ainsi en règle générale la garde de l'enfant appartient à l'époux demandeur (1). Ce texte s'explique par une double raison : le législateur a voulu infliger une peine au conjoint coupable et récompenser celui qui est innocent, en outre on présume que l'époux qui obtient le divorce est le plus digne et que c'est conforme à l'intérêt même de l'enfant de lui donner le droit de garde. Cette présomption qui peut être vraie dans bien des cas, ne l'est pas toujours et si on ne pouvait y déroger on irait parfois à l'encontre du but que

1 Trib. Bruxelles, 27 juin 1888 ; Paris, 16 mars 1893, Gaz. Pal., 93. 1. 495 ; Trib. Alger, 9 mars 1895.

l'on se propose : le plus grand avantage des enfants. Aussi la loi après avoir posé le principe, y apporte-t-elle aussitôt une large restriction en permettant aux tribunaux d'en décider autrement quand l'intérêt de l'enfant l'exige.

Les juges jouissent d'un pouvoir absolu dans le choix du gardien. Ils peuvent confier les enfants, soit au père, soit à la mère, ou décider que celle-ci en aura la garde jusqu'à ce qu'ils aient atteint un certain âge, ou encore remettre certains d'entre eux au mari, les autres à la femme. Ils sont également libres de désigner un tiers ou ordonner que les enfants seront placés dans une maison d'éducation. Ce pouvoir des tribunaux n'a d'autres limites que l'intérêt même des enfants lequel est apprécié souverainement par les juges du fait (1).

Quand le tribunal prononce le divorce et ne statue pas sur la garde des enfants, qu'advient-il? Une opinion soutient que le père alors conserve les droits qu'il avait durant le mariage et que le droit de garde lui appartient. Ces

1. Amiens, 30 octobre 1890, *Journ. aud. Amiens*, 1891 ; Bordeaux, 7 mars 1892 ; *Journ. arr. Bordeaux*, 1892. 1. 166 ; Paris, 22 novembre 1892, S 94. 2. 70 ; Cass., 3 janvier 1893 ; *Paris fr.*, 1894. 1. 300, S. 93. 1. 251 ; 28 février 1893, *Paris fr.*, 94. 1. 9, S. 93. 1. 357 ; Paris, 25 mars 1896, *Gaz. Pal.* du 13 mai 1896 ; Caen, 17 novembre 1896, *Rec. arr*, Caen et Rouen, 1897. 1. 13.

auteurs partent d'un principe : le père conserve
le droit de garde tant que les tribunaux ne le
lui retirent pas par une disposition formelle.
Cette règle, dit-on, était formellement reconnue
par l'ancien article 267. Durant l'instance en
divorce « l'administration provisoire restera au
mari tant que les tribunaux... etc. ». Après le
divorce il en est de même. C'est là où est l'erreur. Ce raisonnement est juste pendant le préliminaire de conciliation, attendu que le mariage
subsiste. L'union conjugale n'étant pas dissoute, le père conserve les droits qui lui sont
conférés par l'article 373 tant que le tribunal
n'en décide autrement. Mais après le divorce, le
mariage est brisé, le père n'est plus le chef de
la famille et l'article 373 ne saurait plus être
invoqué. Il y a un nouvel état de choses qui ne
peut être régi que par les règles nouvelles. Du
reste l'article 302 est formel : « Les enfants
seront confiés à l'époux qui a obtenu le divorce
à moins que le tribunal... etc. ». Il faut vraiment
une grande subtilité pour ne pas admettre que
ce texte attribue le droit de garde à l'époux
demandeur. Et pourtant c'est ce que font les
auteurs qui soutiennent l'opinion que nous
combattons. L'article 302 d'après eux ne pose-
rait qu'une règle obligatoire pour les tribunaux
lorsqu'ils statuent. Cette interprétation nous

semble inadmissible. Il n'y a qu'une règle obligatoire pour les juges, quand ils prennent une décision c'est de se conformer au plus grand avantage des enfants. Ils n'ont nullement à tenir compte du principe posé par l'article 302. Ils jouissent d'un pouvoir absolu et statuent comme bon leur semble. Il n'y a qu'un cas où on peut supposer que les juges se conformeront à l'article 302 dans leurs jugements, c'est lorsque l'intérêt de l'enfant n'exigera pas que le droit de garde soit confié à l'un plutôt qu'à l'autre des époux. C'est une hypothèse qui se présentera rarement et si c'est là toute l'utilité de l'article 302 il faut avouer qu'elle est bien minime. Du reste, même quand il en est ainsi, ce n'est pas une règle obligatoire pour les juges. Ils sont libres d'en décider autrement, d'autres considérations pouvant intervenir. L'article 302 ne peut pas être une règle pour les tribunaux lorsqu'ils statuent, parce qu'il n'y a pas de règle pour eux. C'est donc un principe qui doit s'appliquer tant que les juges ne prennent pas une décision contraire. A défaut d'une disposition du jugement, le droit de garde appartient à l'époux demandeur. C'est la première interprétation qui vient à l'esprit en lisant le texte : les enfants seront confiés à l'époux qui a obtenu le divorce à moins que le tribunal, n'ordonne que tous ou quelques-uns seront confiés à une autre personne et nous pensons que c'est aussi la meilleure.

Le tribunal peut-il statuer d'office sur la garde des enfants? L'article 302 ne le dit pas. D'après le texte ce n'est que sur la demande de la famille ou du ministère public que le tribunal peut confier les enfants à un autre que celui qui a obtenu le divorce. Cependant la jurisprudence (1) admet à juste raison qu'il ne faut pas prendre à la lettre ce texte et qu'il y a lieu de reconnaître aux tribunaux le droit de statuer d'office. La loi de 1886 dans le nouvel article 240 leur a donné formellement ce droit pendant l'instance en divorce. Elle n'a pas modifié, il est vrai, l'article 302, mais ce ne peut être qu'un oubli du législateur. Les situations sont les mêmes, pourquoi dans deux cas identiques auraient-ils le droit dans l'un et non dans l'autre? « Il faudrait, dit M. Coulon (*Divorce et séparation de corps*, tome V, page 121), pour qu'il en fût autrement et que l'article 240 ne pût pas être invoqué pour l'interprétation de l'article 302 que ces deux articles eussent en vue deux situations différentes qui ne pourraient pas être régies par les mêmes principes. Or, bien loin

1. Cass., 1er août 1883, S. 84. 1. 116 ; Cass , 16 juillet 1888, S. 1890. 1. 317 ; Cass., 28 février 1893, S. 1893. 1. 357 ; Paris, 16 mars 1893, *Gaz. du Palais*, 28 avril 1893.

qu'il en soit ainsi, les mesures provisoires dans l'intérêt de la garde des enfants intervenues au cours de l'instance en vertu de l'article 240 et les dispositions prises par les juges au moment du prononcé du divorce en vertu de l'article 302 ont les unes et les autres le même caractère. Les dispositions du jugement de séparation de corps et de divorce relatives à la garde de l'enfant, ont, en effet, aux termes d'une jurisprudence constante aussi bien que les mesures prises pendant l'instance, un caractère provisoire et sont toujours susceptibles de modifications ». Cette solution est admise par la jurisprudence et la majorité des auteurs.

L'article 302 ne parle pas des deux époux, « à moins que le tribunal, sur la demande de la famille ou du ministère public, n'ordonne pour le plus grand avantage des enfants que tous ou quelques-uns d'entre eux seront confiés..., etc. ». Faut-il leur refuser le droit de saisir le tribunal au sujet de la garde des enfants ? Nous ne le pensons pas. Les époux ne sont pas cités parce qu'ils sont partie à l'instance : il n'y a pas lieu de leur accorder le droit d'intervenir. Ils l'ont, semble-t-il, de plein droit, pouvant toujours prendre des conclusions concernant la garde des enfants.

Du reste, ils sont compris dans le mot famille.

Ce terme qui, comme nous le verrons, désigne
des parents peut-être fort éloignés, doit également
ment s'entendre du père et de la mère On ne
comprend pas pourquoi un arrière petit-cousin
jouirait de ce droit, alors qu'il serait refusé aux
parents du premier degré. Ce sont eux qui, en
général, s'intéresseront aux enfants et provo-
queront les mesures que leur intérêt nécessite.
C'est l'avantage même des mineurs que ce droit
leur soit concédé. Malgré le silence de l'article 302, la jurisprudence ne fait aucune difficulté pour admettre le père et la mère à intervenir dans l'attribution du droit de garde (1).

Une difficulté s'est élevée relativement au
mot famille contenu dans l'article 302. Nous
avons vu que l'article 240 employait une expression beaucoup plus claire : « les membres de la
famille ». Que faut-il entendre par le texte de
l'article 302 ? Avant la loi de 1886 on donnait au
mot « famille » le sens de conseil de famille.
Les parents ne pouvaient intervenir individuellement, ils devaient agir collectivement (2).
L'ancien article 267 s'exprimant de la même

1. Cass , 6 février 1865, 5. 61. 1. 58 ; Paris, 20 septem-
bre 1852, S. 52. 2. 694. En ce sens, Coulon, p. 112 ; Vraye et
Gode, t. II, n° 745 ; Goiraud, p. 294 ; Cerret, p. 227 ; Wille-
quet. p. 269.
2. Laurent, t. III, n° 293 ; Goiraud, p. 196 ; Fremont, n° 877 ;
Carpentier. n° 379.

manière recevait la même interprétation. En
1886, on a modifié ce dernier texte et le législateur a fait cesser la controverse en accordant le
droit d'intervention à tous les membres de la
famille. Malheureusement on a oublié de faire
la même rectification dans l'article 302 ; aussi y
a-t-il lieu de se demander s'il faut comprendre
l'article 302 comme le législateur l'a fait pour
l'article 240. Nous pensons que ces deux textes
doivent être interprétés par le rapprochement
l'un de l'autre. En accordant dans l'article 240 le
droit d'intervenir à un membre quelconque de
la famille, la loi de 1886 a voulu sauvegarder
autant que possible l'intérêt des enfants. Elle a
permis à tous ceux qui s'intéressaient au mineur
de demander au tribunal de prendre telle ou
telle mesure, espérant qu'en multipliant le nombre de personnes admises à agir, elle multi-
plierait par le fait même les chances que les
décisions des tribunaux soient conformes au
plus grand avantage des mineurs. Pourquoi
refuser à l'enfant cette même protection quand
le divorce est prononcé ? Du reste, si le législateur, par inadvertance, a omis de faire la rectification dans l'article 302, il n'est pas douteux
qu'en modifiant l'article 240 son intention était
de faire cesser la controverse qui s'élevait aussi
bien dans l'ancien article 267 que dans l'arti-

cle 302 sur le même sujet. Il lui a donné un
sens précis dans l'article 240, on ne peut qu'interpréter de même l'article 302. Les raisons
sont les mêmes dans les deux cas.

Comme la jurisprudence l'a fréquemment
déclaré (1), les tribunaux ont pleins pouvoirs
dans l'attribution du droit de garde. Ils sont
absolument libres de confier l'enfant à qui ils
veulent. Une seule considération doit peser sur
leurs décisions : le plus grand avantage des
enfants. Ils peuvent les confier à l'époux défendeur ou les partager entre les parents, confier
les uns au père, les autres à la mère. Ces
mesures peuvent être nécessaires. Il y a des cas
où il est obligatoire de les confier à la mère,
même perdant son procès, à raison du bas âge
de l'enfant ou de son état maladif. Les juges
doivent ordonner toutes les mesures que l'intérêt de l'enfant exige. S'ils estiment que ni le
père ni la mère ne sont dignes d'élever leurs
enfants, ils peuvent les confier à une tierce personne, un ascendant par exemple. L'article 302,
contrairement à l'article 240, contient une disposition formelle à ce sujet : « Seront confiés aux

1. Req., 9 juin 1857, D. P. 57 1. 401 ; Req., 30 mars 1859,
D. P. 59. 1. 666 ; Req., 29 avril 1862, D. P. 62. 1. 516 ;
Req., 25 juillet 1878, D. P. 78. 1. 471 ; Req., 28 février 1893,
D. P. 93. 1. 206.

soins de l'autre époux, soit d'une tierce personne ». Néanmoins le même droit leur est reconnu pendant l'instance en divorce. Pouvant le faire, à titre de mesure définitive, ils ont *a fortiori* le pouvoir d'en décider ainsi quand ils n'ont à prendre que des mesures provisoires.

Non seulement les tribunaux jouissent d'un pouvoir absolu dans l'attribution du droit de garde, mais ils en règlent encore souverainement l'exercice. Ils peuvent par exemple placer les enfants dans une maison d'éducation et décider que les parents auront le droit de les voir à des périodes déterminées, que les enfants passeront chez leurs père et mère successivement une partie de leurs vacances, que l'époux non gardien aura le droit d'avoir les enfants pendant un certain nombre de jours et à certaines époques. Ils peuvent même aller jusqu'à interdire absolument au père de voir son enfant (Civ. req , 7 mai 1900, D. P. 1901. 1. 452). La Cour de cassation constante sur ce point reconnaît aux tribunaux une autorité illimitée.

Nature des mesures ordonnées

Nous avons vu que toutes les décisions prises par les juges au sujet du droit de garde doivent

être fondées sur l'intérêt de l'enfant. Or, cet intérêt est très variable, des circonstances nouvelles peuvent exiger des modifications aux pre-
mières décisions. Pour parer à tous les besoins
nouveaux, il était nécessaire que les mesures
prises fussent essentiellement provisoires, c'est-
à-dire qu'elles pussent être toujours modifiées.
C'est pour cette raison que toutes les mesures
ordonnées concernant la garde des enfants sont
révocables et temporaires.

Pendant l'instance en divorce, le juge conciliateur peut toujours modifier ou rapporter les
décisions qu'il a prises (1). Le tribunal peut également le faire, lorsqu'il est saisi conformément
à l'article 238, n° 5. En outre l'ordonnance du
juge est sujette en appel dans les délais fixés
par l'article 809 Code de procédure civile (c'est-
à-dire quinze jours à partir de la signification).

Outre le pouvoir de modifier les décisions
prises par le président du tribunal, le tribunal
est appelé en vertu de l'article 240 à ordonner
toutes les mesures qui paraissent nécessaires
dans l'intérêt de l'enfant. Il jouit d'un pouvoir
très large. Il n'est même pas tenu de justifier

1. Req., 9 juin 1857, D. P. 57. 1. 401 ; Req., 19 février 1861,
D. P. 61. 1. 431 ; Civ. C., 25 avril 1884, D. P. 85. 1. 206 ;
Paris, 17 juillet 1886, D. P. 87. 2. 211 ; Civ., 15 décem-
bre 1896, D. P. 97. 1. 420.

par des motifs les mesures qu'il ordonne (11 juillet 1904, D. P. 1906. 1. 399). Les juges peuvent se borner à déclarer qu'il y a lieu seulement de rendre définitives les mesures prises au début de l'instance par le président concernant la garde des enfants. Ces décisions peuvent être rendues à la demande des époux, des membres de la famille ou même d'office.

Il faut encore reconnaître le caractère temporaire et révocable aux mesures ordonnées par le jugement définitif. Nous l'avons dit, ces mesures ne sont prises que dans l'intérêt de l'enfant, qui peut varier d'un moment à l'autre. Par leur raison d'être, ces décisions ne peuvent être que provisoires et doivent pouvoir être modifiées quand le plus grand avantage du mineur l'exige (1).

Les raisons qui nécessitent ces modifications sont infinies : l'âge, la santé de l'enfant, une situation nouvelle des parents comme le remariage de la mère, sont autant de causes qui peuvent nécessiter l'intervention des tribunaux.

Une question se pose : à quel tribunal faudra-t-il s'adresser pour demander de modifier les mesures qui ont trait à la garde des enfants ?

1. Dijon, 11 avril 1866, D. P. 66. 2. 100 ; Civ. C., 25 août 1884, D. P. 85. 1. 206 ; Orléans, 8 janvier 1885, D. P. 86. 2. 83.

Nous croyons que le tribunal compétent est alors
celui qui a prononcé le divorce. Ce n'est pas une
demande nouvelle. Elle se rattache à l'exécution
des mesures prescrites antérieurement. C'est
donc le même tribunal qui doit être appelé à se
prononcer. Il en serait autrement si la demande
était introduite après le jugement définitif et
dans le cas où celui-ci ne contiendrait aucune
disposition au sujet de la garde des enfants. Conformément au droit commun, le tribunal compétent serait celui du domicile qui a obtenu le
divorce. En cas d'urgence le juge des référés (le
président du tribunal civil du domicile du défendeur) peut être saisi. Le droit de demander des
modifications aux décisions prises antérieurement appartient à toutes les personnes désignées
dans l'article 302, c'est-à-dire aux membres de
la famille et au ministère public.

Ces mesures peuvent être ordonnées en tout
état de cause, même en appel pour la première
fois et même après que le jugement aura acquis
force de chose jugée. En ce cas cependant, on
sera soumis à suivre les règles ordinaires de la
procédure : ce n'est plus un incident de l'instance principale permettant d'exercer la demande
par requête. comme on serait autorisé à le faire
pour les demandes introduites avant le jugement
définitif.

Il peut arriver que les époux engagés dans une demande er divorce, règlent d'un commun accord le sort de leurs enfants. Prévoyant la rupture de l'union conjugale, ils peuvent avoir souci de leur condition et faire un pacte entre eux pour se les partager ou même les attribuer intégralement à l'un d'eux sous certaines conditions librement consenties. Ces conventions sont vues avec faveur par la jurisprudence. Elle les encourage et les sanctionne en général quand elles sont conformes à l'intérêt de l'enfant (1). On ne saurait que l'approuver. Ces accords intervenus entre conjoints divorcés sont le plus souvent inspirés par une bonne pensée et dictés par un sentiment d'affection des parents envers leurs enfants. Mais ces conventions si elles doivent être favorisées, ne sauraient être obligatoires pour les juges. Ceux-ci doivent les contrôler et ne les sanctionner que lorsqu'elles ne sont pas en contradiction avec le plus grand avantage des enfants. S'ils estiment que l'intérêt de l'enfant est contraire, ils doivent les repousser et choisir comme gardien une personne autre que celle qui a été désignée par les époux.

Dans toute cette matière, tout doit céder

1. Cass., 6 février 1865, S. 1865. 1. 58 ; Cass., 3 janvier 1893, S. 1893. 1. 251.

devant l'intérêt du mineur. C'est la seule règle
qui s'impose aux juges.

Ces conventions même sanctionnées par le
tribunal ne sont pas définitives. Elles n'ont que
la valeur d'une décision judiciaire et peuvent
être modifiées. Elles ne sont que provisoires
comme toutes les mesures prises sur la garde
des enfants (en ce sens Req , 4 juillet 1883, D.P.
94. 1. 23). On sera donc autorisé à demander au
tribunal de les annuler et de prendre de nouvelles mesures, si l'intérêt de l'enfant le demande.

TROISIÈME PARTIE

DE L'INFLUENCE DU DROIT DE GARDE SUR L'EXERCICE DE LA PUISSANCE PATERNELLE APRÈS LE DIVORCE

CHAPITRE PREMIER

THÉORIE GÉNÉRALE

Que devient la puissance paternelle après le divorce? Les règles admises durant le mariage survivent-elles à la dissolution de l'union conjugale? Enfin le droit de garde exerce-t-il une influence sur l'exercice de la puissance paternelle? Tel est le problème que nous allons examiner.

En premier lieu que devient la puissance paternelle? Cette question est vivement controversée et les auteurs sont partagés. Cette diversité d'opinions provient du silence des textes qui sont entièrement muets sur ce sujet. Seuls les principes généraux peuvent nous guider, dans le silence du législateur.

Dans un premier système on soutient qu'après le divorce il y a lieu à l'ouverture de la tutelle, comme après la mort de l'un des époux. Cette doctrine s'appuie sur les articles 302 et 303 du Code civil. Suivant les auteurs qui soutiennent cette opinion, l'article 302 attribue au gardien un pouvoir qui comprend à la fois l'administration de la personne et des biens de l'enfant. « Les enfants seront confiés à… » dit le texte. Les père et mère ne conservent qu'un droit de surveillance. C'est un droit spécial donné au gardien, qui n'étant pas la puissance paternelle ne peut être que la tutelle. Cette théorie paraît insoutenable. L'article 390 n'établit la tutelle que dans un seul cas, c'est lorsque le mariage est dissous par la mort de l'un des conjoints et aucun texte ne laisse supposer qu'il puisse y avoir une tutelle pendant la vie des père et mère. Du reste où serait le subrogé tuteur, le conseil de famille, éléments nécessaires de la tutelle ? L'interprétation des mots « seront confiés » et « entretien » contenus dans les articles 302 et 303, est abusive et la déduction qu'on en tire est formellement contraire à l'esprit du

Code. Il ne peut y avoir tutelle, qu'à la mort de l'un des époux.

Pour Zachariæ, le droit de garde entraîne avec lui la puissance paternelle. L'époux contre lequel le divorce a été prononcé doit être considéré comme mort pour tout ce qui a trait à la puissance paternelle : c'est une sorte de mort civile. Les droits de correction et d'administration, dit-il, ne peuvent être exercés que par le gardien, ce sont les droits les plus caractéristiques de la puissance paternelle qui doivent entraîner à leur suite tous les autres attributs. Cette assertion n'est pas convaincante. On peut très bien concevoir le droit d'administration détaché du droit de garde ; en outre le droit de correction n'appartient pas forcément au gardien. On sait que ce dernier peut être un tiers et on ne saurait admettre qu'il en fût investi. Du reste comment admettre que l'époux non gardien soit considéré comme mort ? Ne conserve-t-il pas le droit de surveillance qui lui est accordé par l'article 303 ? Enfin la thèse de Zachariæ aboutit à une déchéance totale de la puissance paternelle, contrairement à la loi du 24 juillet 1889 qui prévoit limitativement les cas où elle est possible.

De nombreux auteurs soutiennent que la puissance paternelle demeure même après le divorce entre les mains du père, comme pendant le mariage, avec tous ses caractères et les attributs, excepté le droit de garde naturellement (1). La loi donne au père la puissance paternelle sans fixation de terme. Elle doit donc lui appartenir toute la vie et jusqu'à sa mort la mère ne peut en être investie. L'article 373 qui ne lui attribue l'exercice que durant le mariage n'envisage que le *plerumque fit* et ne statue pas pour le cas où la rupture provient du divorce. Du reste, dit-on, les articles 302 et 303 le supposent puisqu'ils disposent que les père et mère *conserveront* respectivement le droit de surveiller l'entretien et l'éducation de leurs enfants. S'ils les conservent, c'est que l'état de choses antérieur subsiste et que le père conserve la puissance paternelle. Mais, comme le dit M. Coulon (page 140, tome V), c'est une pétition de principe. « Il s'agit, en effet, de démontrer qu'en dépit du divorce, le mari reste investi de la puissance paternelle et l'argument part de ce point que ce pouvoir est confié au père pour la vie. En outre rien ne nous permet de croire que l'article 373 ne prévoit pas la rupture du mariage

1. Massol, n° 333 ; Demante, t. I, n° 287 ; Massé et Vergé, t. 1, n° 232 ; Marcadé, n° 317 ; Demolombe, t. IV, n° 511 ; Carpentier, p. 301 ; Proudhon, *État des personnes*, t. I, p. 238.

par le divorce. Pourquoi le législateur n'aurait-il pas prévu cette éventualité ? Les termes de l'article 373 sont aussi généraux que possible et semblent viser tous les cas de rupture de l'union conjugale quelle qu'en soit la cause. Du reste, même durant le mariage, le père n'a pas seul la puissance paternelle. Elle appartient également à la mère. Ce n'est que l'exercice de cette autorité qui est réservé au père, en sa qualité de chef de famille, et pour amener l'unité de direction, mais après le divorce son privilège disparaît. Il n'a plus de raison d'être.

Quant à l'argument tiré des articles 302 et 303 il semble se retourner contre ceux qui l'invoquent. Ces textes visent aussi bien la mère que le père. Le mot « conserveront » signifie seulement que la puissance paternelle subsiste au profit des père et mère. L'exercice seul est modifié.

Nous objecterons en outre les difficultés d'application que ce système soulève. Si le père conserve l'exercice de la puissance paternelle, c'est rendre le droit de garde de la mère illusoire. Le père ne peut exercer son droit de correction ou d'émancipation sans porter atteinte aux droits du gardien. C'est créer des conflits incessants et rendre la situation impossible.

Du reste cette doctrine semble ne tenir aucun

compte des principes généraux du Code civil sur
la puissance paternelle. « Les principes sont, dit
M. Villequet (*Traité du divorce*, page 261), que
le divorce laissant exister les liens de paternité
et de filiation, les droits des parents comme tels,
comme auteurs de leurs enfants, restent debout :
au contraire, les droits résultant pour les époux
ou pour l'un d'eux, du mariage, s'éteindront à la
rupture du lien conjugal.

« Il y a dans l'institution du mariage une
nécessité qui dérive de l'association conjugale
même et que toutes les législations ont dû consacrer. Cette nécessité c'est la suprématie de
l'un des époux et la subordination de l'autre.
Absolument parlant, les deux conjoints ont les
mêmes droits, la même autorité. Mais l'exercice
simultanément de ces droits est impossible,
l'exercice de cette double autorité conduirait
inévitablement à des conflits sans issue. Il a
donc fallu, dans l'intérêt même de la société conjugale, concentrer ces droits dans le chef de
l'un des époux, confier leur exercice à une
main unique qui est naturellement celle du
mari. Cette centralisation qu'on fait de l'autorité
maritale ne nie pas, qu'on le remarque bien, et
ne détruit pas le droit de la femme, elle ne fait
qu'en régler l'exercice dans un but d'ordre
public.

« Ces principes qui sont de droit naturel et qui ont été consacrés par toutes les législations, sont ceux du Code civil. Ils ne sont pas, il est vrai, inscrits au long dans ses dispositions, mais ils résultent de son esprit et le montrent bien clairement dans les articles qui traitent de la puissance paternelle. En effet l'article 372 porte que chacun des époux a autorité sur les enfants issus du mariage ; l'article 373 ajoute que cette autorité sera exclusivement exercée par le mari durant le mariage.

« Il suit de là que par la dissolution du mariage chacun des époux rentre dans la possession de ses droits. La décentralisation s'opère, l'inégalité cesse, la subordination disparaît. Chaque époux exerce au même titre la même autorité que son conjoint, ce n'est que dans le cas où cette double autorité ne peut absolument pas fonctionner que les droits de l'un des époux priment ceux de l'autre. C'est dans la nécessité seule que cette suprématie puise sa raison d'être et quand cette nécessité existe, c'est dans la loi qu'il faut chercher quels sont les motifs pour attribuer la prépondérance plutôt à l'un des époux qu'à l'autre. La loi, en effet, a à tenir compte d'un élément nouveau, à savoir, l'intérêt des enfants issus du mariage ; aussi les prend-elle ici en puissante considération »

Nous avons tenu à citer tout entière cette page de l'auteur ; car il nous a semblé qu'on ne pouvait se faire une idée plus juste et plus conforme à l'esprit du Code des principes qui régissent la puissance paternelle. Même pendant le mariage, il n'est pas vrai que le père ait seul la puissance paternelle ; elle appartient également à la mère. L'article 372 le déclare expressément. « L'enfant reste sous l'autorité de ses *père et mère* jusqu'à sa majorité ou son émancipation ». Ce n'est que l'exercice de cette autorité qui est réservé au père et ça pour des raisons que nous avons eues à faire valoir mais la mère néanmoins en est investie. Son droit est indiscutable. Même dans certains cas, elle l'exerce concurremment avec le père. En vertu de l'article 148 n'est-elle pas appelée à donner son consentement aussi bien que le père au mariage de l'enfant tant qu'il n'a pas atteint l'âge de vingt et un ans ? Et après, l'acte respectueux ne doit-il pas être fait aux deux parents ? De même que le père, elle a le droit d'attaquer le mariage du mineur fait contrairement aux prescriptions des articles 182 et 191 et pour l'adoption de l'enfant de moins de vingt-cinq ans son consentement est exigé en même temps que celui de son mari. Après l'âge de vingt-cinq ans le majeur qui se donne en adoption n'a plus besoin du consentement de ses père et mère mais il est tenu de requérir le conseil de l'un et de l'autre. Ces exemples prouvent surabondamment que la puissance paternelle est commune au père et à la mère. Pendant le mariage, il est vrai, l'exercice appartient au père seul. Il était difficile en effet de reconnaître un droit égal à la femme et au mari. Cette dualité de pouvoirs aurait créé d'incessants conflits et pour amener l'unité de direction, qui est nécessaire dans toute association, on en a confié l'exercice aux mains d'un seul, qui naturellement est le chef de famille : le père. Mais après le divorce cette raison n'existe plus. Il n'y a plus d'union conjugale, plus de chef de famille et de même que l'autorité maritale disparaît de même s'anéantit la prépondérance du père au sujet de la puissance paternelle. Les époux ont des droits égaux et le privilège du père qui s'expliquait durant le mariage par la règle de l'article 213 ne saurait subsister. Si l'un des deux doit être privilégié c'est pour d'autres raisons. C'est à cause d'une nécessité de fait. Cet exercice simultané par le père et la mère, dans certains cas, est impossible. Il en résulterait des conflits insurmontables. Il est alors nécessaire pour le plus grand avantage des enfants que cette égalité cesse et que l'un ait la prépondérance sur l'autre. Comme en principe les droits des deux époux sont égaux, ce ne peut être alors que dans la loi qu'on trouve une raison pour accorder la suprématie à l'un plutôt qu'à l'autre : le droit de garde jouera un grand rôle Il est difficile, en effet, de concevoir que l'époux non gardien puisse exercer un grand nombre des attributs de la puissance paternelle sans porter atteinte au droit de garde, dans ces cas là, l'époux gardien en aura seul l'exercice. Ce n'est que lorsque ces attributs pourront être exercés simultanément par le père et la mère sans collision, que les époux auront des droits égaux.

La difficulté est plus grande quand l'enfant est confié à un gardien étranger. Qui sera investi de l'exercice de la puissance paternelle ? Ce ne peut être le tiers. Il n'a aucune des prérogatives des parents. Eux seuls peuvent avoir la puissance paternelle. Elle leur appartiendra donc cumulativement et en cas de désaccord les tribunaux seront appelés à se prononcer.

Cette doctrine qui paraît conforme aux principes du Code, est vivement combattue. On objecte que, sous prétexte de conserver à la femme les droits qu'elle avait avant le divorce, on lui en attribue de nouveaux. Cette objection ne semble pas fondée. On ne donne pas à la femme plus de droits qu'elle n'en avait durant le mariage, c'est seulement l'exercice de ceux-ci qui lui est resti-

tué. Du reste, comme le dit M. Legendre (*Effets
du divorce*, p. 2-7) : « le divorce a bien pour
effet, d'une façon générale, de donner à la femme
plus de droits qu'elle n'en avait *durante matri-
monio* ».

Cette opinion, dit-on aussi, conduit à reconnaître, contrairement à la loi de 1889, contre l'époux
non gardien la déchéance de la puissance
paternelle dans les hypothèses où il s'agit d'attributs dont la division est inconcevable en raison
et en droit. Il n'y a nullement déchéance.
L'époux non gardien conserve la puissance
paternelle. c'est seulement l'exercice de cette
autorité qui lui est enlevé. L'époux non gardien
relativement aux attributs dont l'exercice simultané est impossible, se trouve un peu dans la
même situation que la femme durant le mariage.
Or, on ne saurait prétendre que la mère est
déchue de la puissance paternelle tant que
l'union n'est pas dissoute par ce fait que l'exercice de la puissance paternelle est réservé au
père seul. Il en est de même dans notre cas. Il
n'est pas porté atteinte à la puissance paternelle des époux, c'est l'exercice seul qui en est
modifié.

Tels sont les principes généraux qui nous
semblent devoir régir la puissance paternelle.
Il y a lieu de se demander quels sont les attri-

buts qui paraissent susceptibles d'être exercés simultanément par le père et la mère, quels sont ceux, au contraire, qui sont incompatibles avec cette idée et dont l'exercice doit être réservé à un seul. On ne peut le faire qu'en parcourant les divers droits qui constituent la puissance paternelle. Nous y consacrerons le chapitre suivant.

CHAPITRE II

ÉTUDE DES ATTRIBUTS DE LA PUISSANCE PATERNELLE. LE DROIT DE CORRECTION, LE DROIT D'ÉMANCIPATION, CONSENTEMENT AU MARIAGE. USUFRUIT LÉGAL. ADMINISTRATION LÉGALE.

I. — Le droit de correction

Au sens général, le droit de correction s'entend du droit qu'ont les parents d'infliger certains châtiments corporels à leurs enfants à condition de ne pas constituer des actes de brutalité. C'est un droit naturel dont nous n'avons pas à nous occuper dans cette étude.

Au sens technique, le droit de correction est

le droit reconnu aux père et mère de s'adresser
à l'autorité publique pour faire détenir l'enfant
quand ils ont à se plaindre de lui. Ce droit, en
France, semble avoir toujours existé au profit
des parents et dans des limites beaucoup plus
étendues qu'aujourd'hui. En l'an 1673 on trouve
un arrêt du Parlement de Paris qui en limite
l'exercice aux enfants de moins de vingt-cinq
ans et même au-dessus de cet âge l'incarcération
était encore possible au moyen des lettres de
cachet. En outre, toutes les garanties établies
par le Code n'existaient pas, aussi avait-il donné
lieu à de graves abus.

Le Code civil a maintenu au profit des père et
mère le droit de correction, mais en les rédui-
sant à ses justes limites. L'incarcération n'est
possible que pour les mineurs non émancipés de
moins de vingt et un an et de grandes précau-
tions, dont la principale est le contrôle des tribunaux, ont été prises pour éviter le retour des
excès qui s'étaient produits. L'incarcération par
voie d'autorité n'existe qu'au profit du père,
encore faut-il que l'enfant n'ait ni biens personnels ni état et que le père ne soit pas remarié.
Le président, alors, est en principe obligé de
signer l'ordre d'arrestation, mais la jurisprudence, par une entorse à la loi, a trouvé le
moyen d'exercer, même dans ce cas, son con-

trôle sur l'exercice du droit de correction.
Attendu que l'article 375 ne permet au père
d'agir par voie d'autorité que lorsqu'il a des
sujets de mécontentement *très graves*, on vérifie
la légitimité de sa demande au moyen d'une
enquête. Quand la détention a lieu par voie de
réquisition, le président est juge des griefs invoqués et peut accorder et refuser l'ordre d'arrestation. En outre l'article 382, alinéa 2, réserve à
l'enfant détenu un recours contre l'ordonnance
du président du tribunal, recours qui doit être
porté devant le procureur général. Nous sommes enclins à admettre ce recours au profit de
l'enfant dans tous les cas où l'incarcération a
lieu par voie de réquisition, bien que ce soit dis-
cutable. La loi établit ce recours à la suite du
premier alinéa de l'article 382 qui ne prévoit
que la détention d'un enfant ayant des biens
personnels ou exerçant un état; mais les mêmes
motifs peuvent être invoqués pour le faire
admettre dans les autres cas.

Cette détention de l'enfant n'a aucun rapport
avec l'emprisonnement à la suite d'une condamnation pénale. Elle n'entraîne aucune conséquence juridique et ne se subit pas dans les
mêmes locaux. C'est en général dans des mai-
sons dites colonies pénitentiaires que la détention a lieu.

Le droit de faire détenir l'enfant appartient au père et à la mère, mais celle-ci ne peut l'exercer que quand elle est investie de la puissance paternelle, c'est-à-dire à défaut du père. Les parents naturels comme les parents légitimes jouissent du droit de correction, qui s'exerce de la même manière.

Le droit de correction s'exerce de deux façons : par voie d'autorité ou par voie de réquisition. La mère ne peut jamais agir par voie d'autorité, seul le père peut le faire et encore faut-il qu'il ne soit pas remarié, que l'enfant n'ait ni état, ni biens personnels et ne soit pas âgé de plus de quinze ans. On craint que l'influence de la seconde femme souvent hostile aux enfants du premier lit ou que l'arrestation d'un enfant ayant un état ne lui cause un dommage trop préjudiciable pour son avenir. Quand le père peut agir par voie d'autorité, le président du tribunal est en principe obligé de signer l'ordre d'arrestation, sans que le père ait à faire connaître les motifs de sa détermination. Il en est autrement lorsque la demande est introduite par voie de réquisition ; en ce cas, le juge examine les raisons données par le père et peut accorder ou refuser l'ordonnance qu'on lui demande. Quant à la mère elle ne peut agir que par voie de réquisition et avec l'assentiment des

deux plus proches parents paternels de l'enfant
(art. 381). On voit que la loi est beaucoup plus
sévère pour la mère que pour le père; elle lui
supprime même entièrement le droit de faire
détenir son enfant quand elle se remarie. Cette
défiance à l'égard de la femme aboutit à para-
lyser presque entièrement son droit et peut
sembler excessive. On craint des emportements
irréfléchis qui sont quelque peu chimériques.
Les mères, en général, sont plus portées à pardonner qu'à punir sévèrement.

Le droit de correction n'est qu'une conséquence de l'article 372 : « L'enfant reste sous
l'autorité de ses père et mère jusqu'à sa majorité ou son émancipation ». Ce texte ne fait
aucune distinction entre le père et la mère. Il
l'attribue également à l'un ou à l'autre sous cette
restriction que le père l'exerce seul durant le
mariage conformément à l'article 373. Mais
après le divorce à qui doit appartenir le droit
de correction ?

Rappelons le principe que nous avons posé
dans notre théorie générale sur l'exercice de la
puissance paternelle après la dissolution du
mariage : les époux sont sur un pied d'égalité
pour tous les actes dans lesquels l'exercice de la
puissance paternelle est possible sans collision.
Peut-on admettre que le droit de correction,

après le divorce, puisse être exercé simultanément par le père et la mère ? Cette dualité d'autorité nous semble impossible. En l'attribuant
au père seul durant le mariage, on a voulu éviter les conflits qui s'élèveraient nécessairement,
si les droits des deux conjoints étaient égaux.
Cette crainte est encore plus fondée après le
divorce où toutes les haines, tous les ressenti-
ments se donnent libre cours. L'époux non gardien ne peut exercer le droit de correction sans
porter atteinte au droit de garde de l'autre conjoint et il est nécessaire qu'un seul en soit
investi : celui qui a la garde de l'enfant. Ce
droit de correction est inséparable du droit de
garde.//Seul, celui qui a l'éducation, qui a l'administration de la personne de l'enfant, c'est-à-
dire le gardien, est à même de l'exercer (1).
Cette solution semble conforme à l'esprit de
la loi.

Si c'est le père qui obtient le divorce, il l'exercera comme durant le mariage conformément
aux articles 375 et suivants. Si c'est la mère elle
devra se conformer à l'article 381 et prendre
l'assentiment du père.

On objecte à cette doctrine que tous les textes,

1. En ce sens, Coulon, t. V, p. 147 ; Laurent, t. III, n° 384 ;
Goiraud, p. 294 ; Cerret, n° 290 ; Poulle, p. 242.

quand ils attribuent le droit de correction à la
mère, emploient l'expression « la mère survivante ». Ce n'est donc, dit-on, que lorsque le
père est mort, que la femme peut avoir le droit
de correction. Tant que le père vit, lui seul en
est investi. Nous répondrons avec la majorité de
la doctrine que si l'article 381 parle de la mère
survivante c'est qu'il envisage la situation la plus
fréquente : la dissolution du mariage par le
décès du mari (1) Pourquoi le père aurait-il le
droit de correction toute sa vie ? Il a un privilège
pendant le mariage parce qu'il est chef de la
famille. Le bon fonctionnement de l'union conjugale exige une direction unique et on comprend que le père jouisse d'une prérogative.
Mais après le divorce, ces raisons ne sauraient
être encore invoquées, le mariage est dissous.
Les droits des époux deviennent égaux. Il peut
y avoir nécessité, comme dans le cas présent,
d'attribuer la prépondérance à l'un d'eux mais
c'est alors dans la loi qu'il faut chercher les
motifs de ce privilège. Le droit de correction ne
saurait être attribué qu'à l'époux gardien. C'est
lui qui est chargé de l'éducation de l'enfant. Il
est logique de lui attribuer également les moyens

1. *Contrà*, Demolombe, t. II, n° 511 ; Marcadé, n° 317 ;
Proudhon, *Etat des personnes*, t. I, p. 328.

qui ont été donnés aux père et mère pour remplir efficacement cette mission d'éducation qui
leur a été imposée par la loi.

Nous avons, usqu'ici, supposé que la garde
de l'enfant était confiée à l'un des époux, mais si
le tribunal, usant de son pouvoir, choisit un tiers
comme gardien, à qui doit-on attribuer le droit
de correction ? Ce ne peut être assurément le
tiers gardien. Le droit de correction est un attribut de la puissance paternelle qui ne peut appartenir qu'à ceux qui en sont investis, c'est-à-dire
le père ou la mère : sur ce point la doctrine est
unanime. La controverse ne s'élève que pour
l'attribution du droit de correction à défaut du
tiers gardien. Une doctrine l'attribue au père.
C'est la théorie de la survivance de la puissance
paternelle au profit du père que nous avons
déjà repoussée. Une autre l'attribue collectivement au père et à la mère (Huc, tome II, n° 431).
Il nous semble difficile de l'admettre Le père ou
la mère ne peut exercer le droit de correction et
faire détenir l'enfant sans porter atteinte au droit
de garde de la personne désignée par le tribunal.
Or, toute modification ne peut provenir que
d'une décision de justice ; nous sommes donc
tentés d'admettre que c'est au tribunal, sur la
demande du père ou de la mère et non du tiers

gardien, qu'appartient le droit de faire incarcérer l'enfant.

II. — Le droit d'émancipation

L'émancipation a pour but d'affranchir le mineur de la puissance paternelle. Sans le rendre pleinement capable, elle lui confère le gouvernement de sa personne et la jouissance en même temps que l'administration de ses biens avec une capacité limitée. Émancipé, l'enfant a le droit de prendre un domicile séparé, il n'est plus soumis au droit de correction et peut choisir la profession qu'il veut. Relativement aux biens, il peut faire tous les actes de pure administration (baux, perceptions de revenus, etc.) ; pour les actes les plus graves, il lui faut l'assistance de son curateur et même dans certains cas il est obligé d'accomplir toutes les formalités nécessaires pour les actes d'un mineur non émancipé (aliénations d'immeubles, emprunts, constitutions d'hypothèques): C'est une transition entre l'état d'un mineur complètement incapable et la condition de la personne majeure qui jouit d'une capacité entière qui a l'avantage d'initier le mineur à l'exercice de ses droits.

En vertu de l'article 477, c'est au père qu'ap-

partient le droit d'émanciper l'enfant. Cette
émancipation est possible dès l'âge de quinze
ans et s'opère par la seule déclaration du père
reçue par le juge de paix assisté de son greffier.
La mère ne peut le faire qu'à défaut du père,
c'est-à-dire lorsqu'il est incapable.

Mais lorsque le divorce est prononcé, cette
prérogative du père disparaît. Pour les mêmes
raisons que nous avons déjà invoquées, nous
attribuerons le droit d'émanciper l'enfant à celui
qui a obtenu le divorce. Nous ne saurions
adopter la doctrine qui veut que malgré la dissolution de l'union conjugale, le père seul ait ce
pouvoir. Les partisans de cette opinion invoquent la teneur de l'article 477 qui n'attribue le
droit d'émanciper l'enfant à la femme qu'à
défaut du père, c'est-à-dire, dit-on, lorsque le
père est mort. Si le législateur avait voulu limiter
à la durée du mariage le pouvoir du père, il
l'aurait dit comme il l'a fait dans les articles 373
et 389 relatifs au droit d'autorité et à l'administration légale où il emploie les mots « durant le
mariage ». Au contraire il lui attribue le droit
d'émancipation sans limitation de temps sa vie
durant, et tant que le père vit, la mère ne saurait en être investie. Nous ne nions pas l'importance de cet argument. Mais le législateur a-t-il
pensé à la dissolution du mariage par le divorce?

Il semble qu'il ait statué uniquement pour le cas
où le père viendrait à mourir. ne prévoyant pas
cette dernière hypothèse. Le droit d'émancipation n'est qu'un attribut de la puissance paternelle qui est commune au père et à la mère. Il
n'y a aucune raison pour que ce seul droit n'ap-
partienne pas à là mère avant le décès de son
mari, alors qu'elle recouvre l'exercice de tous les
autres par le fait de la dissolution du mariage.
Le législateur, semble-t-il, n'a envisagé que le
plerumque fit. Après le divorce, les époux ayant
des droits égaux, le droit d'émancipation doit
appartenir à la mère aussi bien qu'au père. On
ne voit pas pour quels motifs le père aurait un
privilège toute sa vie. Durant le mariage sa prépondérance se comprend mais après le divorce
elle n'a plus de raison d'être : il n'est plus le chef
de la famille. Nous invoquerons encore, en
faveur de notre opinion, l'article 152 modifié par
la loi du 21 juin 1907. L'époux qui a obtenu le
divorce (que ce soit le père ou la mère) et qui a
la garde de l'enfant peut, en vertu de ce texte,
émanciper l'enfant par le mariage même contre
le gré de l'autre conjoint, puisque son consentement suffit Pouvant l'émanciper indirectement,
pourquoi la mère ne serait pas admise à le faire
expressément? Il nous semble impossible d'admettre que le père conserve son privilège après

le divorce. Le droit d'émancipation, comme la puissance paternelle dont il fait partie doit appartenir, quand le mariage est dissous, cumulativement au père et à la mère.

Maintenant, il y a lieu de se demander si l'exercice simultané du droit d'émancipation par le père et la mère est possible. Il nous semble qu'il y a une nécessité à ce qu'un seul en soit investi. Si l'époux non gardien, conserve le droit d'émancipation, il a entre les mains une arme redoutable qui lui permettra de porter atteinte librement et impunément au droit de garde de son conjoint. En l'émancipant, il affranchit l'enfant du droit de garde. Les droits de la mère sont à sa merci, c'est difficile à admettre. Et c'est encore là une objection que nous ferons valoir pour réfuter la doctrine qui accorde au père seul le droit d'émancipation, toute sa vie. Il est vrai que les auteurs qui défendent cette opinion admettent un correctif important, en faisant intervenir le contrôle des tribunaux : l'émancipation pourra être annulée ou si elle était maintenue, on pourrait en retrancher les effets qui porteraient atteinte aux décisions passées en force de choses jugées qui auraient réglé le sort des enfants. En supposant un jugement ou un arrêt prononçant le divorce et prescrivant que les enfants seraient placés par exemple dans une maison d'éducation ou seraient confiés à un tiers jusqu'à leur majorité, l'émancipation doit être considérée comme non avenue pour tout ce qui porterait atteinte à cette décision. Malgré l'émancipation, le père restera tenu de conduire les enfants dans la maison d'éducation ou chez le tiers gardien, comme il a été prescrit par le jugement. Il faut avouer que ce système est étrange. Comment concevoir qu'un mineur soit émancipé et soumis néanmoins au droit de garde? Si on le déclare émancipé il doit être affranchi de la puissance paternelle, libre de se choisir un domicile séparé et maître de sa personne.

Enfin, une autre raison nécessite le retrait du droit d'émancipation à l'époux non gardien. Nous verrons que la mère, quand elle a obtenu le divorce, a l'usufruit des biens de ses enfants, droit qui est retiré au père conformément à l'article 386, Code civil. L'émancipation fait cesser cette puissance. Peut-on admettre que le père, le plus souvent enclin à se venger, puisse ainsi uniquement par méchanceté ou par haine, anéantir le droit de son ex-conjoint et le priver des revenus de cet usufruit? C'est vraiment donner trop de pouvoirs au père et trop sacrifier les intérêts légitimes de la mère.

Le droit d'émancipation ne saurait donc être

accordé qu'à celui des époux qui a obtenu le
divorce, le père ou la mère sans distinction.

Quand la garde de l'enfant aura été confiée à
un tiers, la question est plus délicate. On ne saurait en tout cas attribuer le droit d'émancipation
au tiers gardien. Seuls ceux qui sont investis de
la puissance paternelle peuvent l'exercer, c'est-
à-dire le père et la mère. Ils l'exerceront donc
cumulativement mais sous le contrôle des tribunaux qui statueront en cas de désaccord.

III. — Consentement au mariage

Le nouvel article 148 dispose : « le fils ou la
fille qui n'ont pas atteint l'âge de vingt et un ans
accomplis ne peuvent contracter mariage sans le
consentement de leurs père et mère. En cas de
dissentiment le consentement du père suffit ».
Avant la loi du 21 juin 1907 le fils était tenu de
cette obligation jusqu'à l'âge de vingt-cinq ans.
La loi nouvelle a eu pour but de favoriser les
mariages en abaissant à vingt et un ans l'âge
où le consentement des parents est obligatoire.
L'enfant reste tenu, néanmoins, de leur adresser
un acte respectueux jusqu'à l'âge de trente ans
révolus.

Le divorce ou la séparation de corps des

parents, ne dispense pas l'enfant de demander
leur consentement en cas de mariage, mais s'il
y a dissentiment entre eux, le consentement du
père suffit-il ? La règle de l'article 148 survit-elle
à la dissolution de l'union conjugale ?

C'est en général en ce sens que se prononçait
la majorité des auteurs. La loi n'ayant pas
limité à la durée du mariage le privilège du
père, son consentement devait toujours primer
celui de la mère. C'était une erreur. L'article 148 ne faisait que consacrer la prépondérance du père durant le mariage, à raison de
son titre de chef de famille, mais après le
divorce son privilège n'avait plus de raison
d'être. Cette controverse a été tranchée en notre
faveur par les lois du 20 juin 1896 et la loi plus
récente du 21 juin 1907. Le texte de la loi de
1896 décidait qu'en cas de dissentiment entre
époux divorcés ou séparés de corps, le consentement de celui des deux époux au profit duquel
le divorce ou la séparation de corps aura été
prononcé et qui aura obtenu la garde de l'enfant suffira. C'était déjà reconnaître un point
que nous avons toujours défendu : à savoir que
si le père a la prépondérance durant le mariage,
sa suprématie ne survit pas à la dissolution de
l'union conjugale. Malheureusement, cette loi
ne statuait pas dans le cas où les deux condi-

tions exigées n'étaient pas remplies, ni lorsque
le divorce était prononcé aux torts réciproques
des conjoints. Cet article soulevait de grosses
difficultés. Comme l'a dit M. Catalogne (1) dans
son rapport : « D'après l'ancien article 152,
deux conditions sont nécessaires pour que le
consentement de l'un des époux l'emporte : il
faut que le divorce ou la séparation de corps ait
été prononcé à son profit et que la garde lui ait
été confiée. Or, il se présente des cas fréquents
où le divorce est prononcé en faveur des deux
époux et où, cependant, l'enfant n'est confié
qu'à l'un. Il se présente aussi des cas où,
après le divorce et la séparation de corps prononcé, l'enfant est enlevé à l'époux auquel il
avait été confié pour être confié à l'autre. Il y a
alors conflit et il peut être absolument impossible de dire quel est le consentement de l'un des
époux qui est nécessaire ». On admettait, et
c'était conforme aux travaux préparatoires, que
le consentement du père primait dans tous les
autres cas celui de la mère.

La loi du 21 juin 1907 est venue combler
cette lacune. Dans le second alinéa de l'article 152, elle dispose : « Faute de réunir ces deux

1. Rapport au Sénat (Séance du 30 janvier 1907), *Journal
officiel* du 31 janvier, p. 393.

conditions, celui des père et mère qui consen-
tira au mariage pourra citer l'autre devant le
tribunal de première instance siégeant en chambre du conseil ; le tribunal compétent sera celui
du domicile de la personne qui a la garde de
l'enfant ; il statuera en audience publique et en
dernier ressort ».

Aussi, pour résumer cette législation : durant
le mariage, le père, à raison de sa qualité de
chef de la famille, a la prépondérance. Son consentement prime celui de la mère. Après le
divorce, le privilège du père disparaît : les
époux acquièrent des droits égaux. Quand l'enfant n'a pas été confié à l'époux qui a obtenu le
divorce, cette égalité neutralise le droit de chaque conjoint : le tribunal alors a été appelé à trancher le différent. Quand l'enfant est attribué à
celui qui a obtenu le divorce, il y a nécessité à
ce que ce soit lui qui soit privilégié et son consentement doit l'emporter sur celui de l'autre.
C'est l'application pure et simple des principes
généraux qui régissent la puissance paternelle
après le divorce, suivant notre doctrine. Cette loi
du 21 juin 1907 nous fournit un argument de plus
contre la théorie que nous avons repoussée et
qui maintient la puissance paternelle au profit
du père même après la rupture du mariage.

Cette rédaction de l'alinéa 2 de l'article 152 est

très heureuse. Elle prévoit toutes les hypothèses qui peuvent se réaliser. On avait proposé au Sénat, en première délibération, de modifier l'ancien article 152 en accordant la prédominance à celui des deux époux qui avait la garde des enfants. Mais la commission s'est convaincue de la difficulté de prévoir toutes les situations de famille et, entre la première et la deuxième délibération, elle abandonna la rédaction primitive en faveur du texte actuel voulant ainsi légiférer « pour tous les autres cas et en toutes autres éventualités ». Elle a demandé en outre « qu'en de tels litiges qui intéressent l'ordre public, l'assistance judiciaire soit largement accordée » (Rapport supplémentaire de M. le sénateur Catalogne, annexe nº 53).

IV. — Usufruit et administration légale des biens de l'enfant

La loi, avons-nous vu, impose aux parents l'obligation d'entretenir et d'élever leurs enfants ; en compensation de ces charges elle leur accorde l'usufruit des biens de ces derniers. Cet usufruit dure jusqu'à ce que le mineur ait atteint l'âge de dix-huit ans ou jusqu'à l'émancipation qui pourrait avoir lieu avant. En vertu

de l'article 384, il appartient durant le mariage
au père et passe à la mère à son décès. « Le
père durant le mariage, dit l'article 384, et après
la dissolution du mariage, le survivant des père
et mère auront la jouissance des biens de leurs
enfants jusqu'à l'âge de dix-huit ans accomplis
ou jusqu'à l'émancipation qui pourrait avoir
lieu avant l'âge de dix-huit ans ». Cette jouissance est soumise aux règles ordinaires de
l'usufruit (art. 385).

Mais *quid* en cas de divorce ? A qui appartient
l'usufruit ? « Cette jouissance, dit l'article 386,
n'aura pas lieu au profit de celui des père et
mère contre lequel le divorce aura été prononcé ». Ainsi, en vertu de ce texte, quand la
dissolution du mariage a lieu par le divorce, il
est deux points bien certains : l'époux qui suc-
combe dans l'instance ne saurait prétendre à
l'usufruit des biens de l'enfant, et si le divorce
est prononcé aux torts réciproques des époux,
cette jouissance n'appartient ni à l'un ni à
l'autre.

En outre quand le divorce a été prononcé aux
torts de la femme, il n'y a pas de difficulté. Le
père conserve son usufruit sans modification et
l'exerce comme durant le mariage. On peut se
demander seulement si la mère contre laquelle
le divorce a été prononcé, recouvre néanmoins

cette jouissance au décès du père. L'article 386 semble s'y opposer, puisqu'il retire cet usufruit à l'époux coupable. Malgré le décès du père, la mère est néanmoins l'époux contre lequel le divorce a été prononcé. Nous ne pensons point qu'il faille se rallier à cette opinion. L'article 384 est formel. Il attribue cette jouissance au survivant des père et mère sans distinction. En outre, au décès de son ex-conjoint, la mère est investie de tous les attributs de la puissance paternelle, même du droit de garde qui lui avait été retiré. Elle doit donc avoir aussi l'usufruit. Cette jouissance légale est accordée aux parents pour compenser les charges d'entretien et d'éducation qui leur sont imposées par la loi. Au décès du père, ces charges incombent à la mère, il est juste qu'elle ait aussi les profits. L'article 386 s'explique par la règle de l'article 302. L'époux qui a obtenu le divorce a en principe la garde des enfans, il est logique de lui donner aussi l'usufruit égal et en priver celui contre lequel le divorce a été prononcé. Et même quand, en vertu d'une décision du tribunal, l'enfant a été confié soit à l'époux coupable, soit à un tiers, c'est encore à l'époux demandeur que l'usufruit doit être accordé. parce qu'il conserve l'administration légale des biens de l'enfant, comme nous le verrons. C'est enfin une récompense pour l'époux innocent. Il en est autrement au décès de l'époux gardien. Il ne s'agit plus de régler une situation entre conjoints divorcés. Le survivant reprend l'exercice de la puissance paternelle entière. Il en recouvre tous les attributs. Toutes les charges lui incombent, tous les profits doivent lui être acquis.

Il est beaucoup plus délicat de le prononcer quand le divorce a été prononcé aux torts du mari. La mère a-t-elle l'usufruit légal des biens de l'enfant ? Un parti important de la doctrine refuse cette jouissance à la mère tant que le décès du père n'est pas survenu (1).

L'article 384, dit-on, n'attribue ce droit d'usufruit qu'à la mère survivante. Ce n'est donc qu'au décès du père qu'elle peut en être investie et non après la dissolution du mariage par le divorce. En outre l'article 386 enlève à l'époux coupable cette jouissance légale sans l'attribuer à personne autre : elle s'éteint donc.

Ces arguments ne sont pas convaincants. Le législateur en parlant du survivant des père et mère n'a statué que pour le cas le plus fréquent : la dissolution du mariage par le décès de l'un

1. En ce sens, Proudhon, t. I, p. 178 ; Demolombe, t. IV, n° 540 ; Carpentier, *Traité théorique et pratique du divorce*, t. III, n° 393.

des époux ; il ne semble pas qu'il ait envisagé
dans l'article 384 l'hypothèse du divorce. Pourquoi lui aurait-il accordé cet usufruit une fois
le père mort et non après le divorce ? Les
raisons sont les mêmes. La jouissance légale
est attribuée à la mère survivante pour compenser les charges d'entretien et d'éducation
de l'enfant qui lui sont dévolues en l'absence
du père. Or, après le divorce, la mère ayant
obtenu le divorce, aura en principe la garde
du mineur ; les mêmes charges lui seront
imposées qu'au décès du père, n'est-il pas juste
de lui accorder les mêmes compensations ? Du
reste si telle était la pensée du législateur, pourquoi aurait-il parlé de la mère dans l'article 386
si dans son esprit celle-ci ne pouvait avoir l'usufruit ? Il se serait borné à dire : le père n'aura
pas l'usufruit quand le divorce sera prononcé
contre lui et non « cette jouissance n'aura pas
lieu au profit de celui des *père et mère* contre
lequel le divorce aurait été prononcé ». Et même
avant la loi du 21 février 1906, l'article 386 reti-
rait cet usufruit légal à la mère lorsqu'elle con-
tractait un second mariage. Cette éventualité
pouvait se produire aussi bien après le divorce
qu'après le décès du père. C'est donc que la loi
supposait que la mère pouvait avoir l'usufruit
durant la vie de son mari. Enfin, la logique

impose cette solution. L'usufruit des père et mère, comme nous l'avons dit, n'est « qu'une indemnité des droits onéreux attachés à l'exercice de la puissance paternelle ». Quand la mère supporte les charges de cette puissance paternelle, on ne saurait lui en refuser les profits.

Il est regrettable que le législateur, en rétablissant le droit d'usufruit au profit de la mère remariée par la loi du 21 février 1906, n'ait pas profité de cette occasion pour se prononcer sur ce texte qui est obscur, il faut en convenir.

Il en est de même de l'administration légale après le divorce. Le Code est complètement muet à ce sujet. L'administration légale est le pouvoir d'administrer les biens de l'enfant. Il est assez rare que des enfants aient des biens personnels du vivant de leurs père et mère, mais ce fait peut se produire et il y a lieu d'étudier cette question. Cette administration ne peut existe que dans le cas où ni le père ni la mère ne sont morts. Au décès de l'un d'eux, la tutelle s'ouvre de plein droit et il est pourvu à la gestion du patrimoine des mineurs par des moyens spéciaux qui ne rentrent pas dans le cadre de notre étude.

Durant le mariage, l'administration légale des biens de l'enfant appartient au père. « Le père est durant le mariage, dit l'article 389, administrateur des biens personnels de ses enfants mineurs ». Mais *quid* après le divorce ? La loi ne dit rien et nous n'avons aucun texte pour nous guider. On ne peut que recourir aux principes généraux qui régissent la puissance paternelle.

Une première question se pose : l'administration légale survit-elle au mariage ou disparaît-elle après la rupture de l'union conjugale ? On serait tenté d'admettre que lorsque le mariage est dissous, l'administration légale cesse. L'article 389, en effet, ne l'attribue au père que durant le mariage. Mais s'il en était ainsi comment les biens de l'enfant seraient-ils administrés ? Il ne saurait y avoir lieu à tutelle, puisque le père et la mère sont vivants. En outre le législateur s'est exprimé dans les mêmes termes au sujet de la jouissance légale (art. 384). Or, cet usufruit ne cesse pas par l'effet du divorce. En est seulement privé l'époux contre lequel le jugement a été rendu. L'article 389 ne saurait être interprété autrement que l'article 334 : les expressions sont les mêmes. Il en résulte qu'après le divorce comme durant le mariage les père et mère ont l'administration légale des biens de leurs enfants mineurs. Mais auquel faut-il l'attribuer ?

Quand le père a obtenu le divorce, on est en

général d'accord pour lui conserver cette administration légale comme par le passé encore que
la garde de l'enfant ait été confiée à une autre
personne. Il reste en effet investi de la puissance
paternelle et son droit d'usufruit ne lui est pas
retiré.

La controverse s'élève au contraire très vive
quand le divorce est prononcé et que la garde
de l'enfant est attribuée à la mère ou à un tiers.
Le père déchu de son usufruit, droit qui passe à
la mère suivant l'opinion que nous avons admise
et qui est adoptée par la majorité des auteurs (1)
conserve-t-il néanmoins le droit d'administrer
le patrimoine de l'enfant ? Une opinion le soutient. C'est la théorie que nous avons déjà repoussée, du maintien de la puissance paternelle
entre les mains du père même après le divorce.
Ce privilège du père après la dissolution du mariage n'a plus de raison d'être. Nous ne revien-
drons pas sur ce que nous avons dit à ce sujet.
Après le divorce, les droits des époux sont
égaux. Mais il est de toute nécessité que seul
l'époux demandeur ait l'administration légale
des biens du mineur, sans distinguer si c'est le

---

1. En ce sens. Laurent, t. III, nº 396 ; Demante, nº 131 ;
Goiraud, *Du divorce*, p. 200 ; Vraye et Gode, t. II, nᵉ 717 ;
Planiol, 4ᵉ édit., t. I, nº 1704 ; Trib. civ. Seine, 25 novem-
bre 1896, D. P. 97. 2. 297.

père ou la mère. La mère qui a obtenu gain de cause est investie de l'usufruit légal. L'administration légale et l'usufruit accordés aux parents sont inséparables : l'un n'étant que la raison de l'autre. Ce droit de jouissance établi par l'article 384 n'est en effet « qu'une indemnité accordée à raison des charges qui résultent de l'exercice de la puissance paternelle », entre autres l'administration légale. Ils doivent donc, semble-t-il, se trouver réunis dans la même main. En outre, il est à craindre que le père, conservant l'administration légale n'apporte trop de négligence à la gestion d'un patrimoine dont il n'en a pas la jouissance et dont la mère a l'usufruit. Il est probable que la mère, intéressée elle-même à la bonne administration des biens de l'enfant, y apportera plus de soins. C'est donc l'intérêt même du mineur qui demande à ce que ces deux droits soient exercés par la même personne. Enfin toute solution contraire entraînerait fatalement des conflits incessants qu'il est utile d'éviter, pour le plus grand avantage de l'enfant et pour sauvegarder les droits de la mère qui seraient à la merci du père, administrateur légal des biens du mineur.

Aussi, selon nous, l'administration légale appartient à l'époux qui a obtenu le divorce et cela, encore que la garde de l'enfant ait été confiée à une autre personne.

Les tribunaux adoptent une autre manière de voir. Pour eux la garde de la personne entraîne la gestion du patrimoine. Le gardien suivant la jurisprudence est investi d'un mandat très général qui comprend à la fois la direction de la personne et l'administration des biens (1). L'enfant sera confié « aux soins » d'après l'article 302 ; ce qui comprend dit on, aussi bien ses intérêts pécuniaires que moraux.

C'est donner au mot garde une interprétation que nous ne saurions admettre. Le rôle du gardien n'a pas cette extension : il est limité à l'entretien et à l'éducation de l'enfant. On fait valoir aussi cette considération qu'il y a un grand intérêt à associer la gestion du patrimoine à la direction de l'enfant, mais on peut répondre qu'il y a encore plus d'avantage à réunir la jouissance des biens à leur administration. Enfin cette jurisprudence conduit à des résultats qui nous paraissent en contradiction avec les principes qui régissent la puissance paternelle L'administration légale est un attribut de la puissance

1. Trib. civ. Seine, 4 mai 1895, D. P. 97. 2. 23 ; Trib. civ. Seine, 25 novembre 1896, D. P. 97. 2. 297 ; En ce sens, Coulon et Faivre, *Du divorce sur l'art. 302*, p. 310 ; Aubry et Rau, 5ᵉ édit., t. I, nᵒ 123.

paternelle, qui ne saurait être exercé que par le père et la mère. Aucun texte ne permet de la retirer aux parents comme les tribunaux sont autorisés à le faire pour le droit de garde. Or, d'après la jurisprudence, l'administration légale appartient à quiconque a le droit de garde, serait-ce même un tiers. Cette solution nous semble impossible à admettre en présence du texte formel de l'article 389 qui réserve aux parents seuls le droit d'administration légale. D'ailleurs, si on se range à cette opinion il faut admettre que ce pouvoir passera entre les mains de toutes les personnes qui auront la garde de l'enfant. Nous savons que toutes les mesures prises par les tribunaux ne sont que provisoires et que les juges peuvent à tout moment désigner un nouveau gardien. Il en résultera qu'au lieu de l'unité de direction qu'on cherche à établir, on créera la diversité, au grand détriment de l'enfant.

Nous attribuerons à l'époux qui a obtenu le divorce et qui a l'usufruit des biens de l'enfant, encore que le droit de garde eût été confié à une autre personne, l'administration légale du patrimoine du mineur. C'est à lui également que nous conférerons l'exercice des actions qui lui appartiennent (1).

1. En ce sens, Grenoble, 24 juillet 1900, D. P. 1901. 2. 121.

CHAPITRE III

DROIT DU GARDIEN ET DROIT DE SURVEILLANCE DES PÈRE ET MÈRE

C'est au sujet des droits du gardien, que le Code contient principalement de graves lacunes. La loi est à peu près muette à ce sujet. Mais d'après les divers textes relatifs au droit de garde on peut déduire que sa fonction se borne à l'entretien et à l'éducation du mineur. « Les enfants seront confiés aux soins. . » dit l'article 302 et l'article suivant dispose que « quelle que soit la personne à laquelle les enfants seront confiés, les père et mère conserveront respectivement le droit de surveiller l'*entretien* et l'*éducation* de l'enfant ». Entretien et éducation du mineur, telle est la mission du gardien. Il n'a pas l'exercice de la puissance paternelle, son rôle ne comprend que des soins donnés à la personne de l'enfant. Si parfois le gardien est investi de la puissance paternelle il ne l'a pas en qualité de gardien, mais à titre de père ou de mère. La loi n'attribue cette autorité qu'aux parents ;

eux seuls peuvent l'exercer, encore que le droit de garde leur ait été retiré.

Les frais d'entretien ne sont pas à la charge de la personne désignée comme gardien ; ils incombent aux parents. « Ils y contribuent, dit l'article 303 proportionnellement à leur faculté ». Cette obligation résulte du principe de l'article 203 : « Les époux contractent ensemble, par le seul fait du mariage, l'obligation de nourrir, entretenir et élever leurs enfants ». C'est au tribunal qu'il appartient de fixer l'indemnité à servir au gardien pour le rémunérer des soins donnés à l'enfant. Si la garde a été confiée à l'un des époux, son ex-conjoint est tenu de lui servir une pension proportionnelle à son état de fortune. Cette évaluation est faite par les tribunaux. Elle n'est que provisoire et peut être modifiée si leur situation pécuniaire vient à changer.

Il se peut que le tribunal n'ait pas fixé le chiffre de l'indemnité, ni la part contributive des époux, le gardien peut-il néanmoins recourir à la justice pour se faire rembourser les dépenses qu'il a dû faire ? Si le gardien désigné est un tiers, on ne saurait lui refuser. Les parents sont seuls tenus de l'obligation d'élever, entretenir et nourrir leurs enfants. Mais entre époux ce recours est plus difficile à admettre. Certes, celui qui aura la garde de l'enfant pourra toujours obliger son ex conjoint à lui servir une pension pour l'avenir, mais peut il répéter une partie des frais qu'il a déjà faits ? L'article 303 semble l'y autoriser, puisque chaque époux doit contribuer proportionnellement à ses facultés à l'entretien de l'enfant. Il paraît même avoir à sa disposition deux actions : celle qui est accordée au codébiteur d'une obligation solidaire ou indivisible et l'action de gestion d'affaires. Cependant ni l'une ni l'autre ne semble possible : on admet en effet que l'obligation qui résulte de l'article 203 n'est pas solidaire (1) ; quant à l'action de gestion d'affaires elle ne peut être intentée : chaque époux est tenu personnellement dans la mesure de ses moyens. Il n'acquitte donc qu'une dette personnelle et ne gère pas l'affaire d'autrui tant que ses dépenses ne sont pas hors de proportion avec ses ressources.

Le gardien, outre le soin d'entretenir l'enfant, est également chargé de son éducation. Son droit à ce sujet ne saurait être absolu. L'époux non gardien est investi d'un droit de surveillance qui doit lui permettre d'intervenir. Si l'éducation donnée à l'enfant n'est pas conforme

1. Civ. C., 21 mai 1890, D. P. 90. 1 337 ; Paris, 26 avril 1892, D. P. 93. 2. 175 ; Civ. C., 6 août 1894, D. P. 95. 1. 199.

à son intérêt le père ou la mère privé du droit de garde, peut s'adresser aux tribunaux pour les faire juges du différend, en leur demandant de modifier les mesures ordonnées et retirer la garde l'enfant à la personne qui en est investie. Ce n'est que sous cette forme, semble-t-il, que cette intervention puisse se produire.

Le gardien ne saurait interdire, non plus, toutes relations entre l'enfant et les membres de la famille. Les tribunaux auraient le droit d'autoriser des visites à époques déterminées ou des échanges de correspondance comme bon leur semblerait. Nous avons vu que même durant le mariage, ils peuvent intervenir à ce sujet ; après le divorce, leur pouvoir est encore plus étendu : ils règlent souverainement l'exercice du droit de garde.

Il y a lieu de se demander où se trouve le domicile du mineur après le divorce. Suivant l'article 108 « le mineur non émancipé aura son domicile chez ses père et mère ou tuteur ». Durant le mariage, la mère étant domiciliée chez son mari. l'enfant ne saurait avoir d'autre domicile que celui du père. Mais après le divorce, il n'en est plus de même. La femme acquiert un domicile séparé. Les tribunaux peuvent aussi, en vertu de leur pouvoir, confier le mineur à un tiers. Où sera le domicile légal de l'enfant?

Quand le droit de garde est attribué à l'un des conjoints, on ne peut donner d'autre domicile légal à l'enfant que celui de l'époux gardien. La loi dit en effet sans distinguer : « le mineur sera domicilié chez ses père et mère ». Il n'y a pas de motifs pour que le domicile du père soit prépondérant après le divorce, on ne saurait en outre admettre que l'enfant ait un double domicile légal, n'est-il donc pas juste, en conséquence, de décider que son domicile se trouve là où il habite ? C'est du reste la solution qu'adopte la majorité des auteurs (Coulon, t. V, p. 129 ; Vraye et Gode, t. II, p. 250).

Que décider, quand l'enfant est confié à un tiers? Nous admettrons que même en ce cas le domicile du mineur est chez celui de ses père et mère qui a obtenu le divorce. Il nous semble impossible d'admettre, en présence de l'article 108, que son domicile puisse être chez le gardien, comme le voudrait une doctrine. Le texte est formel : le mineur sera domicilié chez ses *père et mère*. L'enfant ne saurait donc avoir d'autre domicile légal. Quant à admettre que son domicile se trouve chez l'époux gardien plutôt que chez l'autre, il est aisé de justifier cette solution. En premier lieu, il n'y a aucune

raison de pencher en faveur du domicile du
père. Il n'est plus le chef de la famille. En
second lieu, il est de toute nécessité que le
domicile légal de l'enfant soit chez celui qui a
triomphé dans l'instance : ce dernier, en effet, a
l'administration et la jouissance des biens du
mineur; il a également l'exercice des actions qui
le concernent. Tout ce qui intéresse l'enfant doit
lui être notifié. Cet état de choses n'est pas cho-
quant, c'est une situation qui se produit fréquemment dans la tutelle où l'enfant est domicilié légalement chez son tuteur quoique rési-
dant ailleurs que chez sa mère par exemple.

Il ne faut pas confondre domicile et résidence
de l'enfant. Le choix de la résidence appartient
uniquement au gardien quel qu'il soit. Il peut
emmener l'enfant partout où il lui plaît. L'époux
non gardien ne peut s'y opposer à condition
qu'il ait connaissance du lieu où se trouvent les
enfants afin qu'il puisse exercer son droit de
surveillance et son droit de visite. Cependant les
tribunaux ont admis à juste raison que l'époux
qui est investi du droit de garde ne saurait aller
résider en pays étranger. Il serait impossible à
l'autre conjoint de voir ses enfants et surveiller
leur entretien et leur éducation. En ce cas on
pourrait s'adresser aux tribunaux pour faire

Mazoyhié   7

remettre les enfants à une autre personne (1).

En vertu de l'article 303 : « .Quelle que soit la personne à laquelle les enfants seront confiés les père et mère conserveront respectivement le droit de surveiller l'entretien et l'éducation de leurs enfants ». En enlevant le droit de garde à l'un des parents, le législateur ne pouvait refuser au père ou à la mère le droit de contrôler l'usage qui fait son ex-conjoint ou le tiers des pouvoirs qui lui sont conférés. On ne pouvait les priver du droit de s'intéresser à leurs enfants et il était de toute justice de leur accorder un droit de surveillance. Grâce à ce droit qui lui est attribué par l'article 303, l'époux non gardien pourra, par des réclamations devant les tribunaux, intervenir quand le gardien mésusera de ses pouvoirs. Il pourra faire ordonner toute mesure que nécessitera l'intérêt de l'enfant et même demander à ce que la garde de l'enfant soit confiée à une autre personne.

Ce droit de surveillance a pour corollaire le droit de visite accordé aux parents. Pour que l'époux non gardien puisse surveiller efficacement l'entretien et l'éducation de ses enfants, il était nécessaire qu'il lui fût permis de les voir et

1. Paris, 12 avril 1856, D P. 57. 2. 2; Req., 29 avril 1862, D. P. 62. 1. 515.

de communiquer avec eux, c'est le tribunal qui fixe les conditions d'exercice de ce droit. Il décide du nombre de ces visites, des époques et du lieu où elles auront lieu. Il jouit à cet égard d'un pouvoir aussi large que possible.

QUATRIÈME PARTIE

CHAPITRE PREMIER

SANCTION DU DROIT DE GARDE

L'article 374 qui établit le droit de garde est ainsi conçu : « L'enfant ne peut quitter la maison paternelle sans le consentement de son père ». L'enfant est tenu de résider chez ses parents ou dans le lieu où il aura été placé et ne peut quitter le domicile de ses père et mère sans autorisation. Nous avons vu la raison d'être de cette obligation. Le père qui est chargé du soin d'élever son enfant ne peut accomplir ce devoir d'éducation qu'à la condition d'avoir l'enfant sous la main pour pouvoir le diriger et le surveiller. Comment pourrait-il avoir cette direction et comment pourrait-il exercer cette surveil-

lance si l'enfant, maître de lui, pouvait aller ou
bon lui semble ? Il lui serait impossible de rem-.
plir sa fonction. L'enfant à l'insu du père pourrait se créer des relations néfastes qui l'entraî-
neraient dans un mauvais chemin. Dans le jeune
âge, inexpérimenté que l'on est, on est plus porté
à écouter les mauvais conseils que les bons : les
mauvaises habitudes se contractent vite et la
voix du père toujours pleine de prudence et de
sagesse serait impuissante, s'il ne pouvait soustraire son fils à ces influences. S'il ne lui était
pas possible de choisir les relations de l'enfant et
écarter celles qu'il juge pernicieuses, s'il ne pouvait exercer une surveillance de tous les instants
sur son fils son action serait inefficace. La loi en
imposant au père le devoir d'éduquer son enfant,
devait lui permettre de remplir sa mission et
c'est pour cette raison qu'elle a fait une nécessité à l'enfant de ne pas quitter le domicile paternel sans le consentement de son père. Le droit
de garde, nous l'avons dit, est le moyen donné
aux parents de remplir leur devoir d'éducation.

A cette règle il n'existe qu'une exception : c'est
en cas d'enrôlement volontaire. La loi du 15 juillet 1889 permet à l'enfant mineur de contracter
un engagement militaire sans le consentement
de ses père et mère dès l'âge de 20 ans. La loi
du 20 mars 1905, article 50-6° a maintenu cette

exception fondée sur des raisons d'ordre militaire, ayant pour but de faciliter le recrutement de l'armée. C'est une arme redoutable, il faut en convenir, donnée à l'enfant contre ses parents. La menace d'un engagement militaire peut être un moyen de contrainte qui fasse fléchir un père ou une mère, mais comme dit Pothier (*Des personnes*, partie I, titre IV, art. 2) quand l'intérêt public est en jeu il l'emporte sur l'intérêt particulier.

Mais par quels moyens de contrainte le père pourra-t-il faire respecter son droit de garde ? L'article 374 ne nous le dit pas. Le législateur s'est borné à poser le principe sans établir de sanction. Devant le silence de la loi on ne peut que s'en rapporter aux règles ordinaires.

Tout d'abord, il faut admettre que le père pourra recourir à la force publique pour ramener chez lui l'enfant qui aura quitté le domicile paternel. L'emploi de la *manus militaris* a été formellement admis par le Premier Consul dans les travaux préparatoires. C'est du reste le droit commun : il n'y a pas lieu d'y déroger ; mais on se demande à quelles autorités le père devra s'adresser pour obtenir le concours des agents de la force publique. Les opinions sont très partagées et la jurisprudence elle-même est hésitante. Certains tribunaux ont admis que le père

pouvait s'adresser au ministère public. Nous
répondrons avec Laurent (Laurent, t. IV, n° 272)
qu'il n'y a pas délit. Il nous semble donc que le
parquet ne peut donner cet ordre. Laurent ajoute
qu'il y a lieu de prendre un jugement qui sera
exécuté comme tout jugement ordinaire, même
par la force publique. Le père, dit-il, ne demande
que l'exécution d'un droit civil. Les tribunaux
civils sont donc seuls appelés à statuer. Cette
doctrine ne nous paraît pas devoir être admise.
S'il est nécessaire de prendre un jugement, il
faut aller jusqu'au bout, décider qu'il faudra le
signifier, faire commandement, etc., c'est bien
peu pratique ; en outre on se trouve en présence
d'un mineur et ces actes n'ont aucune valeur a
son égard ce qui rend cette procédure impossible.

Nous croyons avec la grande majorité des
auteurs qu'il n'est nullement besoin d'un jugement et qu'une simple ordonnance du président
suffit pour faire arrêter l'enfant. « Une telle
ordonnance, dit M. Huc est suffisante pour le cas
beaucoup plus grave où il s'agit de l'arrestation
de l'enfant en vue de son internement dans une
maison de correction ; on ne voit pas comment
un jugement serait nécessaire quand il s'agit
tout simplement de le faire ramener à la maison
paternelle (Huc, t. III, n° 173). » On oppose il est

vrai qu'il n'y a pas lieu de faire interner l'enfant mais seulement de le faire arrêter. Mais le père ne peut-il pas, une fois en possession de l'ordonnance rendue en vue de l'internement de l'enfant, reprendre son fils au lieu de le faire détenir ? lui seul est juge de la durée de la détention. Il peut pardonner quand bon lui semble, même avant toute incarcération.

L'article 374 s'impose aussi bien aux tiers qu'à l'enfant Une tierce personne qui aurait l'enfant entre les mains ne pourrait refuser, pour quelque motif que ce soit, de le rendre aux parents. Ceux-ci auraient une action pour se le faire restituer. M. Planiol (Planiol, *Droit civil*, t. I, n° 2410, p. 870) compare cette action à une sorte de revendication. Elle est bien réelle, en ce sens qu'elle peut être exercée contre tout le monde, mais comme le dit le savant auteur lui-même, on ne saurait en faire une assimilation complète : c'est une action qui par son objet échappe à la classification des actions en réelles et personnelles. Cette action pourrait même croyons-nous être exercée par référé devant le président du lieu du domicile du défendeur ou du lieu où l'ordonnance doit être exécutée, conformément aux règles établies en cette matière. De plus, aucune fin de non-recevoir n'est possible contre la demande des parents. C'est ainsi qu'on ne

saurait se soustraire à cette obligation en invoquant par exemple le prix d'une pension non
payée : l'enfant ne peut évidemment servir de
gage de paiement. Le tiers ne pourrait également alléguer le danger de mauvais traitement
auxquels l'enfant serait exposé chez le père. Le
mineur devrait réintégrer le domicile paternel,
quitte à saisir la justice si des sévices étaient
commis.

Le tiers qui refuse de restituer l'enfant et porte
atteinte au droit de garde est même passible de
dommages-intérêts. L'article 1382 dit en effet :
« Tout fait quelconque de l'homme qui cause à
autrui préjudice, oblige celui par la faute duquel
il est arrivé à la réparer ». Ce texte est très
large et vise aussi bien un préjudice moral que
pécuniaire. Or, il n'est pas douteux que le tiers
en refusant de remettre l'enfant au père qui le
réclame, lui cause un préjudice moral considérable qui doit lui permettre conformément à
l'article 1382 d'en demander réparation devant
les tribunaux. C'est en ce sens que s'est prononcée la jurisprudence : « Attendu, dit un arrêt
de la Cour de Nancy du 25 janvier 1873 (1), qu'il
résulte des documents de la cause que depuis
longtemps la demoiselle C... donne aide chez

1. Cour de Nancy, 25 janvier 1873 (5. 2. 225).

elle à E... sa nièce mineure et qu'en le faisant elle cause au père un préjudice moral considérable dont il peut demander judiciairement la réparation, què les termes généraux de l'article 1382, Code civil, combinés avec ceux des articles 371, 372, 374 du même Code, conduisent logiquement et nécessairement à cette conclusion .. ». Cet arrêt reconnaît formellement le principe que nous avons établi : le père a droit à des dommages-intérêts quand un tiers porte atteinte à son droit de garde, à raison du préjudice moral qui lui est causé et conformément à l'article 1382.

Cet arrêt se borne, pour des raisons de l'espèce, à prononcer seulement une astreinte à l'égard de la défenderesse :« Attendu, dit l'arrêt précité, en ce qui touche les dommages-intérêts réclamés par l'appelant qu'ils ont ici bien moins pour objet de réparer un préjudice causé que de punir une faute commise ; qu'il convient dès lors quand on les apprécie de tenir un compte sérieux de l'intention et qu'en le plaçant à ce point de vue on arrive à penser qu'aucuns ne sont dus dans l'espèce pour la période antérieure eu égard à la bonne foi de C... et à la croyance qu'elle pouvait avoir de ne rien faire de dommageable et de défendu ; que quant à l'avenir et pour la sauvegarder, il suffira de placer C... dans l'alternative d'obéir immédiatement aux ordres de la justice ou de payer sa désobéissance par chaque jour de retard d'une somme assez forte pour lui imprimer le caractère d'une contrainte et d'une peine Par ces motifs, etc . ». Ainsi, outre une condamnation à des dommages-intérêts possible, le tiers est encore passible d'une astreinte. L'astreinte est un moyen de contrainte dont usent les tribunaux pour sanctionner leurs décisions. C'est une condamnation à une somme fixée à raison de tant par jour de retard pendant tout le temps que durera la résistance. La légitimité de ce procédé a été contestée. Nous nous réservons d'étudier cette question dans un autre chapitre.

Il existe enfin des sanctions pénales établies par les articles 345 et 354 du Code pénal. L'article 345 du Code pénal punit de la réclusion ceux qui étant chargés d'un enfant ne le représenteront point aux personnes qui ont le droit de le réclamer. Ce texte vise le cas où une personne a qui on a confié l'enfant, par exemple une nourrice ou un instituteur, refuse de le rendre aux enfants.

Il y a là une sorte d'abus de confiance qui devrait être réprimée par un texte spécial attendu qu'il ne rentrait dans aucune des catégories de délits prévus par la loi pénale. L'article 345, alinéa 7, réprime bien le recel d'un enfant mais on ne pouvait considérer comme tel le seul fait de ne pas représenter un mineur, attendu que cet enfant ne perd pas son état civil et que le crime de recel n'existe qu'à cette condition. Ce ne pouvait être non plus un enlèvement dans le sens de l'article 354 puisque l'enfant avait été confié à celui qui refuse de le représenter. C'est donc un délit spécial qui, sans texte formel, n'aurait pu être réprimé pénalement. Pour que le crime soit commis il faut, mais il suffit que le coupable refuse de rendre l'enfant à ceux qui le lui ont confié. Il faut évidemment que le tiers le fasse volontairement et sciemment. S'il y a impossibilité pour lui de le restituer, parce que l'enfant, par exemple, se serait enfui, même y aurait il eu faute ou négligence de leur part, le crime prévu par l'article 345 n'est pas commis. Ce que la loi veut punir c'est l'abus de confiance dont le tiers se rend coupable à l'égard des parents en refusant de leur représenter leur enfant, quand il pourrait le faire. Par enfant il ne faut pas entendre tout mineur soumis au droit de garde. On admet en général que le texte ne vise que ceux qui ont moins de sept ans ou qui, plus âgés, ne jouissent pas de toutes leurs facultés. Enfant veut dire tout mineur qui ne peut veiller à ses intérêts. C'est aux juges du fait à se prononcer à ce sujet, la loi n'ayant pas déterminé ce qu'il fallait entendre par enfant ni établi de limite fixe.

Ce crime ne peut être commis qu'à l'encontre de ceux qui ont le droit de garde et non par les parents eux-mêmes, comme nous le verrons quand nous étudierons la loi du 5 décembre 1901.

L'article 354 punit également de la réclusion quiconque qui « par fraude ou par violence aura enlevé ou fait enlever des mineurs ou les aura entraînés, détournés ou déplacés des lieux où ils étaient mis par ceux à l'autorité ou à la direction desquels ils étaient soumis ou confiés ». Ce texte comme le premier ne s'applique pas quand l'auteur de l'enlèvement ou détournement est une personne qui a autorité sur l'enfant, par exemple un des parents. Ceux-ci ne sont passibles que de l'article 357, Code pénal.

Comme dans la loi de 1901 que nous étudierons plus loin les mots enlever, détourner, entraîner ou déplacer sont redondants. Il faut pour que le crime soit commis que l'enfant ait été entraîné hors des lieux où il avait été placé par ceux qui étaient investis du droit de garde et non d'un lieu quelconque : ainsi, si l'enfant s'était enfui de la maison paternelle pour se réfugier ailleurs et qu'ensuite on l'ait transféré dans

un autre lieu, le crime prévu par l'article 354
Code pénal ne serait pas commis. Il faut que
l'enfant ait été entraîné hors du lieu où il avait
été placé par ceux qui avaient autorité sur lui
quel que soit ce lieu : un pensionnat, une maison
où le mineur est comme domestique ou apprenti,
à plus forte raison de la maison paternelle.
Mais, le crime existe si l'enfant momentanément
hors de ces lieux, par exemple pendant une pro-
menade ou pendant une course faite pour son
patron, est enlevé, même serait-ce sur la voie
publique, parce que l'enfant a toujours la
résidence qui lui a été désignée par ceux qui
ont autorité sur lui. Quand la loi dit : « lorsque
l'enfant aura été enlevé du lieu où il a été placé »
elle entend par là sa résidence habituelle C'est
ce qui fait aussi que le crime ne serait pas commis si on ne le déplaçait pas de sa résidence, c'est-
à-dire si on ne l'emmène pas hors du lieu où il
a été placé par ceux qui ont autorité sur lui
pendant un temps assez long pour qu'il constitue
plus qu'une simple absence de quelques instants. Si l'enfant par exemple peut regagner le
soir le domicile paternel, il n'y a pas enlèvement
ou détournement au sens de l'article 354 Code
pénal.

L'article 354 exige formellement qu'il y ait eu
fraude ou violence. Nous verrons que l'arti-

cle 357, même Code, qui punit le même fait quand l'auteur de l'enlèvement est le père ou la mère, est plus rigoureux : il n'exige pas cette condition, mais la peine par contre est moins élevée. La violence est toute contrainte physique ou morale, quant à la fraude, elle consistera en promesses fallacieuses, tromperies, mensonges, etc.

Ces textes, nous l'avons dit, ne visent pas les parents : ils ne s'appliquent qu'aux tiers qui portent atteinte au droit de garde de ceux qui ont autorité sur l'enfant. Mais après le divorce, quand les tribunaux usant de leur pouvoir confient la garde de l'enfant à l'un des époux, il arrive souvent que c'est le père ou la mère qui se rend coupable de ces faits. Quelle sera la sanction du droit de garde à leur égard ? Cette question fera l'objet du chapitre suivant.

CHAPITRE II

SANCTION A L'ÉGARD DU PÈRE ET DE LA MÈRE
DES MESURES RELATIVES A LA GARDE DE L'ENFANT

1. — **Sanctions civiles** : emploi de la force armée, condamnations à des dommages-intérêts, saisie des revenus de la femme.

Nous avons vu que les tribunaux peuvent
dans certains cas ordonner des mesures concernant la garde d'un mineur, principalement
dans les instances en divorce. Ils peuvent le
confier à l'un ou l'autre des époux, même à un
tiers quand les circonstances l'exigent et que le
plus grand avantage des enfants le demande. Il
y a lieu de se demander quels sont les moyens
de contrainte mis à la disposition de la justice
pour faire respecter ses décisions. L'une ou l'autre des parties peut refuser de s'y soumettre.
C'est un cas qui se présente souvent dans la
pratique. Il est en effet fréquent que l'un des
époux, malgré la sentence du tribunal, refuse
de remettre l'enfant au gardien, le cache ou

même le soustrait à la garde de celui qui en est
investi. Or, il n'existait aucun texte avant la loi
du 5 décembre 1901 en cette matière. La jurisprudence avait dû suppléer au silence de la loi
en imaginant certains moyens de coercition qui
malheureusement n'étaient pas toujours possi-
bles et dont la légitimité était même contestée. Nous allons d'abord les étudier avant
d'aborder l'étude de la loi de 1901.

Trois procédés étaient en général admis :
emploi de la force armée, condamnations à des
dommages-intérêts, saisie des revenus de la
femme.

L'emploi de la force armée n'est en somme
que l'application du droit commun. C'est le
mode ordinaire d'exécution forcée des jugements. Le gardien désigné, quand il est porté
atteinte à son droit de garde, peut s'adresser
aux agents de l'autorité pour se faire remettre
l'enfant *manu militari*. Mais ce procédé, outre
son caractère un peu brutal, présente des difficultés d'application assez grandes. Il se peut
qu'on ignore le lieu où se trouvent les enfants,
il est également impossible quand ces derniers
se trouvent en pays étranger.

Aussi les tribunaux eurent-ils recours à un
autre procédé qui a soulevé bien des critiques
et qui consiste à condamner l'époux récalcitrant

à des dommages-intérêts. Pour le justifier on invoque l'article 1142, Code civil : « Toute obligation de faire ou ne pas faire se résout en dommages-intérêts en cas d'inexécution ». La personne, dit-on, qui a l'enfant en sa possession est tenue de le remettre au gardien désigné. Il y a là une obligation de faire qui doit se résoudre en dommages-intérêts en cas d'inexécution conformément à l'article 1142, Code civil. C'est en ce sens que s'est prononcée la jurisprudence (1).

Nous ne nous rallierons pas à cette opinion qui nous semble erronée. D'abord, quand le gardien désigné est une tierce personne, il nous paraît impossible d'admettre une condamnation à des dommages-intérêts. En vertu de l'article 1142, les dommages-intérêts ne sont dus que lorsqu'il y a eu un préjudice causé. Or, on ne voit pas dans notre cas le préjudice que cause, à ce tiers, un père qui, par affection paternelle, refuse de lui remettre son enfant. On pourrait dire, il est vrai, que ce sont les enfants qui subissent le préjudice, puisque leur plus grand avantage exigeait qu'ils fussent confiés à cette personne Le gardien agit donc en leur nom. Mais la garde de l'enfant se

1. Req., 25 mars 1857, D. P. 57. 1. 213 ; Req., 4 avril 1865, D. P. 65. 1. 387 ; Paris, 7 août 1876, D. P. 78. 2. 125 ; Civ. req., 18 mars 1878, D. P. 78. 1. 201.

limite exclusivement à la direction de la personne du mineur et ne comprend pas la gestion de ses intérêts pecuniaires. Le tiers gardien n'a pas qualité pour intenter cette action, tout au moins dans la doctrine que nous croyons vraie.

Quand le gardien, au contraire, est l'un des époux, nous admettrons alors qu'une condamnation à des dommages-intérêts puisse avoir lieu. Nous nous baserons pour l'admettre sur l'article 1382 et non sur l'article 1142. L'article 1142, par sa place dans le Code au titre des contrats, nous paraît ne pouvoir être invoqué que lorsqu'il s'agit d'un véritable droit de créance faisant partie du patrimoine, ce qui n'est pas le cas. Au contraire, l'article 1382 vise tout fait qui cause préjudice à quelqu'un. Il est assez large pour comprendre un préjudice moral aussi bien qu'un préjudice pécuniaire. Or, il n'est pas douteux que le père ou la mère gardien du mineur est atteint dans ses affections par le refus de son ex-conjoint de lui remettre son enfant. Il subit un préjudice moral qui doit lui permettre, en se basant sur l'article 1382, d'en demander réparation devant les tribunaux. Nous avons vu que la jurisprudence l'admettait dans le cas où un tiers portait atteinte au droit de garde des parents ; les raisons sont les mêmes ici pour admettre la même solution.

D'autres fois les tribunaux prononcent contre
l'époux qui refuse d'obéir aux ordres de la justice une condamnation pécuniaire fixée à raison de tant par jour de retard pendant tout le
temps que durera la résistance : c'est le procédé
dit des astreintes (1). Ce n'est plus comme dans
la condamnation à des dommages-intérêts, la
réparation du préjudice causé. C'est une véritable peine prononcée à titre comminatoire. Ce
procédé très pratique vu sa simplicité est en
outre de la plus grande équité. Le débiteur n'en
souffre qu'en cas de mauvais vouloir manifeste
de sa part. Il est cependant vivement com-
battu par un important parti de la doctrine (2).
On lui reproche d'être arbitraire et illégal.
Aucun texte, dit-on, n'établit un tel procédé, en
outre, les dommages-intérêts doivent représenter exactement le préjudice causé (art. 1149). Or,
dans le système des astreintes on ne tient pas
compte de ce préjudice, on les prononce même
dans les cas où il n'y en a aucun. Ce serait vrai
si on devait considérer l'astreinte comme l'équi-
valent d'une condamnation à des dommages-

1. Trib. Seine, 22 janvier 1892, *Gaz. des tribunaux*,
19 mars 1892.
2. Demolombe, t. XXIV, n° 294 ; Aubry et Rau, t IV,
n° 299, p. 41 ; Laurent, p. 16, n° 301 ; Huc, t. VII, nos 136
et 143.

intérêts ; mais l'astreinte n'est pas une indemnité, c'est une peine, une amende si l'on veut, et les principes qui régissent les dommages-intérêts ne doivent pas lui être appliqués. Ce n'est donc pas contraire à l'article 1149. L'astreinte n'est qu'un moyen de contrainte, une sorte de voie d'exécution qui trouve sa justification dans l'article 1036 du Code de procédure civile. Ce texte autorise les juges à prononcer des injonctions, ils doivent avoir aussi le droit d'assurer leur exécution. Si on leur permet de donner des ordres, il faut leur reconnaître le pouvoir de se faire obéir, sinon ce texte est lettre morte. Cette nécessité nous semble justifier quoiqu'indirectement le système des condamnations à des astreintes qui ne sont en somme que des amendes, sanction normale des désobéissances aux ordres de la justice.

La jurisprudence admet enfin une troisième sanction, la saisie des revenus de l'époux qui refuse d'obéir. Nous admettrons comme légitime ce dernier procédé, de même que nous avons admis la possibilité d'une condamnation à des dommages-intérêts. La controverse est la même dans les deux cas.

Tels étaient jusqu'à la loi de 1901 les seuls moyens de coercition mis à la disposition des tribunaux pour assurer l'exécution des mesures relatives au droit de garde. C'était insuffisant. L'emploi de la *manus militaris*, nous l'avons vu, n'est pas toujours possible et moyennant une condamnation pécuniaire, un des époux pouvait ouvertement faire échec aux ordres de la justice. Cette situation déplorable a été heureusement modifiée par une loi du 5 décembre 1901 qui, transformant en délits les faits de non-représentation, détournement ou enlèvement de mineurs a assuré plus efficacement au moyen d'une sanction pénale, l'exécution des décisions des tribunaux. C'est à l'étude de cette loi que nous consacrerons notre deuxième section.

II. — Sanction pénale. Délit de non-représentation détournement ou enlèvement de mineurs

Jusqu'à la loi du 5 décembre 1901, le fait par le père ou la mère privés par les tribunaux de la garde de l'enfant, de s'emparer de lui, l'enlever, le détourner, ne constituait pas un délit et ne tombait pas sous l'application du Code pénal. Ni l'article 354 ni l'article 345 qui visent des cas semblables, n'étaient applicables. L'article 354, comme nous l'avons vu, punit de la réclusion ceux qui par fraude ou par violence auront enlevé ou fait enlever des mineurs des lieux où ils avaient été placés par ceux à l'autorité desquels ils étaient soumis. L'article 345 punit de la même peine ceux qui, étant chargés d'un enfant ne le représentent pas aux personnes qui ont le droit de le réclamer. Or, la jurisprudence et la doctrine étaient d'accord pour admettre que ces deux textes ne s'appliquaient qu'aux actes portant atteinte à l'autorité des parents et qu'ils ne pouvaient être étendus au cas où l'auteur du recel ou de l'enlèvement était le père ou la mère du mineur. Cette interprétation résultait d'ailleurs des travaux préparatoires. Treilhard avait formellement déclaré que « l'intention de la section n'avait pas été d'étendre l'article aux père et mère ». La Cour de cassation, par de nombreux arrêts, s'était rangée à cette opinion, qui était admise par tous les auteurs (1).

Cette situation était fâcheuse. Malgré les moyens de coercition créés par la jurisprudence les décisions judiciaires pouvaient rester lettre morte, au grand détriment de l'ordre public. Aussi a-t-on pensé à créer une sanction pénale. Ce fut le but de la loi du 5 décembre 1901 qui en modifiant l'article 357 du Code pénal a ajouté le paragraphe suivant: « Quand il aura été sta-

1. Cour de cass. 9 novembre 1893 (*Sirey*. 95. 1. 525); 22 mars 1900, B. 125. D. 1901. 184 ; 5 avril 1900, B. 141. D. 1902 1. 428.

tué sur la garde d'un mineur, par décision de justice provisoire ou définitive, au cours ou à la suite d'une instance de séparation de corps ou de divorce ou dans les circonstances prévues par les lois du 24 juillet 1889 et 19 avril 1898, le père ou la mère qui ne représentera pas le mineur à ceux qui ont le droit de le réclamer ou qui même sans fraude et sans violence l'enlèvera ou le détournera, ou le fera enlever ou détourner des mains de ceux auxquels la garde aura été confiée ou des lieux où ces derniers l'auront placé, sera puni d'un emprisonnement d'un mois à un an et d'une amende de 16 à 5.000 francs. Si le coupable a été déclaré déchu de sa puissance paternelle, l'emprisonnement pourra être élevé jusqu'à trois ans ».

Cet article vise deux cas bien distincts : 1° la garde a été confiée à l'un des époux ou à un tiers dans une instance en divorce : la condamnation est alors d'un mois à un an de prison ; 2° la garde est retirée aux parents à la suite d'un jugement prononçant la déchéance paternelle, la peine peut alors être plus forte : le maximum est de trois ans. C'est qu'en effet, comme le dit M. le député Cruppi dans son rapport (séance de la Chambre des députés, 13 janvier 1901, p. 268), lorsqu'il y a eu déchéance paternelle « ils (les père et mère) ont été mauvais parents et reconnus indignes de diriger l'éducation de leurs enfants ». Le délit doit être plus sévèrement réprimé parce que les conséquences sont plus graves. L'intérêt de l'enfant se trouve compromis, ce qui n'est pas forcément vrai dans le premier cas : un mauvais époux peut être un excellent père, tout au moins il n'est pas indigne.

Il semble que cet alinéa aurait dû être ajouté à l'article 354 plutôt qu'à l'article 357. L'article 354 statue sur les mêmes faits lorsque le délit a été commis à l'encontre des parents, tandis que l'article 357 vise une hypothèse toute spéciale. La commission de législation annuelle à qui fut renvoyé le projet de loi présenté aux Chambres le 7 juillet 1900 par M. le garde des Sceaux Monis l'avait aussi demandé, mais on y renonça en faisant observer que l'article 355 aggraverait la peine si l'enfant était une fille de moins de seize ans, et pour éviter cette conséquence on préféra rattacher l'alinéa à l'article 357.

Trois faits constituent le délit prévu par la loi de 1901 ; le fait de non-représentation, d'enlèvement, ou de détournement de l'enfant. Il est utile de faire observer qu'il n'y a pas deux délits distincts : l'un consistant dans la non-représentation du mineur, l'autre dans un enlèvement ou

détournement ; mais un seul et unique qui peut
être commis de plusieurs façons.

En quoi consiste le délit prévu par le second
alinéa de l'article 357 ?

Il y aura non-représentation évidemment dans
le cas où l'un des parents cache l'enfant de telle
sorte qu'il sera impossible de connaître le lieu où
il se trouve. C'est en général ce qui se produira.
Mais nous croyons que le délit existe même lorsque les parents refuseront de remettre l'enfant
à celui qui a le droit de le réclamer bien qu'il
soit présent c'est-à dire matériellement représenté Dans un arrêt récent du 18 mai 1905 la
Cour de cassation s'est prononcée en ce sens.
Par non représentation il ne faut pas entendre
uniquement le cas où l'enfant n'est pas présenté,
mais le fait par le père ou la mère de refuser
d'exécuter la décision du tribunal en conservant
indûment l'enfant. Ce que la loi veut punir c'est
moins le fait de non-représentation que la désobéissance aux ordres de la justice. Le refus par
le père ou la mère de se soumettre volontairement aux mesures ordonnées par les tribunaux,
voilà ce qui constitue le délit. Le fait de dissi-
muler l'enfant ne peut être qu'une circonstance
aggravante qui sera prise en considération dans
l'application de la peine.

Il faut assurément que le refus des parents

soit nettement établi. On ne saurait admettre
que le délit est commis parce que la mère par
exemple ne conduirait pas elle même l'enfant à
celui qui est investi de la garde. C'est à ce dernier à aller le chercher. Le tribunal de la Seine
(Trib. Seine, 26 décembre 1901, *Gazette des Tribunaux*, 30 décembre 1901) est même allé plus
loin : il a admis que la poursuite ne pouvait
avoir lieu qu'après une mise en demeure spéciale de représenter l'enfant constatée par une
signification. Cette condition nous semble super-
flue. Evidemment les poursuites ne pourront
être intentées à l'égard du père ou de la mère
tant que la décision confiant la garde de l'enfant
à telle ou telle personne ne lui aura pas été
signifiée. A défaut de cette notification il est
censé ignorer le jugement et ne saurait être
poursuivi. Le délit établi par la loi du 5 décembre est sans nul doute un délit ordinaire qui
exige une intention frauduleuse et ne saurait
être assimilé aux délits contraventionnels qui
peuvent être commis même de bonne foi. On ne
comprendrait pas qu'un père qui garde son
enfant chez lui et l'emmène avec lui ignorant la
décision rendue et croyant avoir toujours les
mêmes droits sur lui, soit passible des peines
édictées par l'article 357 du Code pénal.

Mais à part la signification du jugement pour-

quoi une mise en demeure spéciale? D'abord,
la loi ne l'exige pas. Nulle part il n'en est parlé
et on peut conclure du silence du législateur que
ce n'est pas une condition nécessaire. En outre
la mauvaise foi de celui qui détient l'enfant peut
s'établir autrement que par une mise en demeure
Le fait d'avoir reçu signification du jugement et
de refuser de se soumettre à la décision du tribunal l'établit suffisamment. C'est en ce sens
que s'est prononcé avec raison, croyons-nous le
tribunal de Lyon dans un jugement du 10 décembre 1902.

Il y aura enlèvement ou détournement lorsque les parents parviendront à retirer l'enfant
de l'endroit où il se trouve et le soustrairont à la
garde de la personne désignée par le tribunal.
Enlèvement et détournement ont même signification. C'est afin de prévoir toutes les hypothèses dans lesquelles l'enfant a pu être
soustrait que le législateur a employé cette
redondance. Peu importe que l'enlèvement ait eu
lieu dans la maison même de celui qui est
investi du droit de garde, le délit existe quand
le mineur aura été enlevé dans la rue, dans la
maison d'un tiers ou dans quelque lieu que ce
soit. Il n'y a pas à s'attacher à cette considération. Le but du législateur de la loi du 5 décembre 1901 a été d'assurer l'exécution des décisions

des tribunaux relative à la garde de l'enfant. Le seul fait d'emmener indûment l'enfant et le sous-traire ainsi à la garde de la personne désignée par le tribunal constitue le fait matériel d'enlèvement prévu par l'article 357.

L'enlèvement de mineurs quand il est commis par des étrangers au détriment du père ou de la mère exige pour qu'il constitue un délit qu'il y ait eu fraude ou violence (art. 354, Code pénal). . Cette condition n'est pas exigée par l'article 357. Ce qui fait que les parents tombent sous l'application de la loi de 1901 même dans le cas où l'enfant les aura volontairement suivis. Bien entendu si le mineur s'enfuit de lui-même sans complicité aucune de ses père et mère ceux-ci ne sauraient être responsables. Il faut qu'ils aient participé personnellement à l'enlèvement.

La loi exige pour que le délit existe que les auteurs de l'enlèvement soient le père ou la mère. Ce texte est limitatif et on ne saurait l'étendre par exemple aux ascendants. Si c'est un grand-père, un oncle qui soustrait l'enfant, refuse de le représenter, ils ne sont punissables que d'après le droit commun, c'est-à-dire si les conditions exigées par l'article 354 et 345 sont remplies. Il faudra notamment que l'enlèvement ait été accompli avec fraude ou violence. Si l'enfant les a suivis de plein gré, il n'y a pas

délit. Il en est de même si l'enfant qu'ils refu-
sent de représenter ne leur avait pas été confié
(art. 345, Code pénal). Mais il n'y a pas à distinguer suivant qu'il s'agit des père et mère légitimes ou naturels, l'article 357 s'applique dans les
deux cas.

La loi exige formellement en cas de non-
représentation que l'auteur du délit soit personnellement le père ou la mère, au contraire en
cas d'enlèvement elle admet que le délit peut
être commis par le mandataire de l'un d'eux. Si
donc l'enlèvement a été commis par un fondé
de pouvoir, ce sera néanmoins le père ou la
mère qui sera l'auteur principal du délit et passible des peines édictées par l'article 357. Le
mandataire ne pourra être considéré que comme
complice. Cette interprétation résulte des termes
de la loi de 1901. « Le père qui aura enlevé ou
fait enlever... etc. », dans les deux cas c'est lui
l'auteur principal.

Il faut en outre pour que l'article 357 du Code
pénal puisse s'appliquer qu'il ait été statué sur
la garde d'un mineur par décision de justice
provisoire ou définitive au cours ou à la suite
d'une instance en séparation de corps ou de
divorce ou dans les circonstances prévues par
les lois des 24 juillet 1889 et 19 avril 1898. La
pensée du législateur s'entrevoit aisément. Son

but principal a été d'apporter une sanction aux décisions de justice concernant la garde des enfants ; aussi quand cette condition fait défaut le délit n'existe pas. Ainsi la femme mariée qui abandonnerait le domicile conjugal en emmenant avec elle son enfant ne tomberait pas sous le coup de l'article 357 et ne serait passible d'aucune peine : elle ne désobéit pas à une décision judiciaire. En outre il faut que cette décision de justice statue sur la garde du mineur. On en déduit qu'une femme qui aurait vu sa demande en divorce rejetée et qui refuserait de réintégrer le domicile conjugal, elle et ses enfants ne commettrait pas le délit prévu par la loi de 1901. Il y a bien une décision de justice mais qui ne concerne pas le droit de garde : ce qui est nécessaire pour que l'infraction soit constituée. La Cour de cassation dans un arrêt récent (Cass., 27 février 1903, aff. Colignon, B. 90.) a eu l'occasion d'en décider ainsi. Une ordonnance du président rendue après le préliminaire de conciliation avait confié la garde de l'enfant au mari. La femme se voyait poursuivie pour ne pas lui avoir représenté ; mais elle fut acquittée parce que le mari ne l'avait pas assignée dans le délai de vingt jours : les mesures provisoires, conformément à l'article 238 Code civil, étaient non avenues.

Une grave controverse s'élève sur le fait de savoir si le refus du gardien, qui par hypothèse est l'un des époux, de laisser voir à l'autre conjoint ses enfants constitue le délit prévu par l'article 357. L'époux gardien en s'opposant au droit de visite de la mère ou du père commet-il le délit de non-représentation ? La question est très délicate et il est difficile de se prononcer. Une première opinion soutient l'affirmative. La loi de 1901, dit-on, exige pour que le délit existe deux conditions : 1° une décision statuant sur la garde de l'enfant; 2° refus d'obéissance à l'égard de celui qui a le droit de le réclamer. Dans le cas que nous envisageons ces conditions semblent remplies. Il y a bien une décision de justice confiant la garde de l'enfant par exemple au père ; la mère, en outre, en vertu de son droit de visite, a le droit de le voir, par conséquent de le réclamer. La loi de 1901 est donc applicable. La jurisprudence semble fixée en ce sens (1).

Tel n'est pas notre avis et nous ne saurions admettre cette théorie qui semble méconnaître

1. Trib. Seine, 26 décembre 1901, *Gaz. des tribunaux*, 30 décembre ; Trib. Seine, 27 février 1902 ; Burter et Bassé, S. et P. 1903. 2. 252. D. 1902. 2. 408 ; Trib. Marseille, 14 décembre 1902, S. et P. 1902. 2. 280, D. 1903. 2. 274 ; Trib. Seine, 29 oct. 1903, *Journal Parq.*, 1904. 2 23.

le texte même de l'article 357. Celui qui n'est pas investi de la garde peut seul être puni et non le gardien. Il suffit de lire la loi de 1901 pour s'en convaincre : « ceux qui ont le droit de le réclamer » ne peuvent signifier que « ceux qui ont la garde de l'enfant ». Ce serait une interprétation abusive, que de lui donner un autre sens. Les travaux préparatoires le laissent entendre clairement. M. Cruppi, dans son rapport, s'exprime ainsi (1) : « Nous estimons que le père ou la mère qui refusera de représenter l'enfant à ceux qui ont le droit de le réclamer ou qui l'enlèvera ou le détournera, le fera détourner où enlever dans les conditions déterminées plus haut, *des mains de ceux auxquels la garde aura été confiée* ou des lieux où ces derniers l'auront placé, commet un acte qui réunit tous les caractères de l'infraction pénale ». Le rapport fait au Sénat est encore plus explicite (*Journal off.*, Sénat, 1901, annexe n° 260, p. 309) « la loi n'a qu'un but : assurer la remise de cet enfant *à la personne qui en a la garde* et le maintien de cet enfant entre ses mains ». On ne saurait donc traduire « ceux qui ont le droit de réclamer » autrement que par ces mots « ceux

1. *Journal officiel*, Chambre des députés, 1900, Annexe 2039, p. 2685.

Mazoyhié   9

qui ont la garde de l'enfant », de même que « le
père ou la mère qui ne représentera pas le
mineur » veut dire « le père ou la mère qui
n'est pas investi du droit de garde ». Enfin la loi
punit le refus d'exécuter la décision du tribunal
parce·que cette mesure est prise dans l'intérêt
de l'enfant. Or, dans l'hypothèse que nous envisageons, il n'y a que l'intérêt d'affection de la
mère qui est en jeu et non celui de l'enfant. Il
ne peut donc y avoir qu'une sanction civile (1).

Il est vrai qu'on objecte que la loi de 1901 a
été faite en vue d'assurer l'exécution des décisions de la justice concernant la garde des
enfants et que si on ne l'appliquait pas à l'égard
de l'époux gardien, le but du législateur ne
serait pas atteint. C'est peut-être vrai, mais dans
le silence de la loi, on ne peut qu'interpréter
restrictivement l'article 357 comme il est de
règle de le faire en droit pénal. Du reste, cette
objection n'est pas fondée. L'époux non gardien,
devant le refus de son conjoint de lui laisser
voir ses enfants, a un moyen efficace de briser sa
résistance. Il n'a qu'à s'adresser aux tribunaux
pour demander à ce que la garde des enfants
soit retirée à l'époux récalcitrant et que le

1. Paris, Chambre acc., 13 novembre 1903 (B. 1904. 2.
41); Narbonne, 29 janvier 1904, D 1904. 2. 136.

mineur soit confié à une autre personne. Il est permis de croire que les tribunaux s'empresseront de faire droit à sa demande (1).

1. En ce sens, Paris, 13 novembre 1903, D. P. 1903. 2. 415.

CINQUIÈME PARTIE

LE DROIT DE GARDE DANS LA FILIATION NATURELLE

Avant la loi récente du 2 juillet 1907, le Code civil contenait de graves lacunes au sujet de la puissance paternelle sur les enfants naturels. A part les articles 152, 159 et 756 qui réglaient quelques points spéciaux, tels que l'autorisation au mariage et le droit de succession, aucun texte n'établissait formellement la puissance paternelle des père et mère naturels sur leurs descendants. En étaient-ils investis ? Qui en avait l'exercice ? Quels en étaient les attributs ? Autant de questions qui n'étaient pas résolues par la loi.

On admettait, à juste raison, que malgré le silence du législateur, les parents naturels avaient sur leurs enfants la puissance paternelle, tout comme les parents légitimes. Les auteurs étaient unanimes sur ce point et la jurispru-

dence était conforme. Du reste, cette solution
s'imposait d'après la conception que nous nous
faisons aujourd'hui de la puissance paternelle.
L'autorité des père et mère n'est pas une conséquence du mariage. C'est un droit fondé « sur la
nature et sur la raison ». C'est moins un droit
qu'un devoir, devoir de protection imposé aux
parents qui naît de lui-même par le seul fait de
la conception et qui est indépendant de toute
idée de mariage. Aussi la controverse ne s'élevait que pour l'attribution de l'exercice de la
puissance paternelle.

Lorsque l'enfant n'avait été reconnu que par
un seul de ses auteurs, il n'y avait pas de difficulté. Celui qui l'avait reconnu avait seul la
puissance paternelle. On sait que la filiation
naturelle ne s'établit que par une reconnaissance
formelle. Le père ou la mère qui ne reconnaît
pas son enfant n'existe pas aux yeux de la loi et
on ne saurait lui donner un droit quelconque.
Il n'en était pas de même quand l'enfant avait
été l'objet d'une reconnaissance de la part de
ses deux parents. La puissance paternelle sera-
t-elle exercée cumulativement par le père et la
mère ou le père sera-t-il privilégié comme
durant le mariage ? L'opinion dominante attri-
buait la prépondérance au père même dans le
cas où sa reconnaissance était postérieure à celle

de la mère. La mère n'exerçait la puissance
paternelle qu'à défaut du père. Pourquoi cette
suprématie du père ? On comprend aisément
que pendant le mariage l'homme ait la prépondérance. Il est le chef de la famille et cette qualité lui confère l'exercice de la puissance paternelle à raison de sa puissance maritale. Mais
dans le cas que nous envisageons il ne saurait
en être de même : le père et la mère ne sont
dans aucune dépendance l'un vis-à-vis de l'autre.
En outre c'était inique. Une mère qui avait seule
reconnu son enfant, pouvait se le voir enlever
par une reconnaissance postérieure du père mo-
tivée par des raisons d'intérêt ou même de simple méchanceté. Le père, quoiqu'ayant reconnu
son enfant après la mère, avait le droit de garde
puisque la puissance paternelle lui appartenait.
Il est vrai qu'on atténuait dans une large mesure
la rigueur de ce principe en admettant que les
tribunaux, n'étant assujettis à aucune règle,
avaient un pouvoir absolu pour ordonner toutes
les mesures qui leur paraissaient nécessaires
dans l'intérêt de l'enfant et pouvaient en confier la
garde soit au père soit à la mère suivant les circonstances.

Quoi qu'il en soit, une réforme judiciaire s'imposait. Un projet de loi fut d'abord présenté par
le gouvernement et adopté par le Sénat dans les

séances des 6 février et 17 juin 1902. A la Chambre il fût l'objet d'un rapport de M. Pradet Ballade (session extraordinaire de 1905, n° 2817), mais n'ayant pas été mis à l'ordre du jour en temps utile, il ne fut pas discuté et renvoyé à la commission de la réforme judiciaire et de la législation civile et criminelle. Ce projet de loi repris à la législature suivante devint, sur un rapport de M. Guillaume Chastenet, la loi du 2 juillet 1907 qui, en modifiant l'article 383, a comblé les lacunes du Code civil sur la puissance paternelle dans la filiation naturelle.

« La puissance paternelle, dit ce texte, sur les enfants naturels légalement reconnus est exercée par celui de leurs père et mère qui les aura reconnus le premier ; en cas de reconnaissance simultanée par le père et la mère, le père seul exerce l'autorité attachée à la puissance paternelle ; en cas de prédécès de celui des parents auquel appartient la puissance paternelle, le survivant en est investi de plein droit.

« Le tribunal peut toutefois, si l'intérêt de l'enfant l'exige, confier la puissance paternelle à celui des parents qui n'en est pas investi par la loi.

« Sous ces réserves et sauf ce qui sera dit à l'article 389 de l'administration des biens, la puissance paternelle sur les enfants naturels est régie comme celle relative aux enfants légitimes ».

Cette loi règle tous les points en litige. En premier lieu, elle accorde formellement la puissance paternelle aux père et mère naturels. Ensuite elle détermine nettement celui des parents qui en aura l'exercice : quand la reconnaissance n'a pas lieu en même temps, le premier qui aura reconnu son enfant exercera la puissance paternelle ; en cas de reconnaissance simultanée, elle appartient au père et passe à la mère à défaut du père. Néanmoins ces règles doivent céder devant l'intérêt de l'enfant et le tribunal du lieu du domicile légal du parent chargé de la tutelle (art. 389) l'autorise à cet effet à confier la puissance paternelle à celui qui n'en est pas investi de plein droit.

Enfin dans un alinéa d'une portée générale, la loi dispose que les mêmes règles seront applicables en cas de filiation naturelle et légitime, ce qui tranche toutes les difficultés.

Le droit de garde, dans la filiation naturelle, appartient donc à celui qui est investi de la puissance paternelle : ce sera tantôt le père, tantôt la mère, suivant les règles que nous venons de voir. La situation est à peu de choses près la même qu'en cas de divorce. Les tribunaux jouissent d'un pouvoir souverain et peuvent ordonner toutes les mesures que nécessite l'intérêt de l'enfant. Tout ce que nous avons dit de la garde de l'enfant après le divorce pourrait se répéter ici au sujet du pouvoir des tribunaux.

Le père ou la mère non gardien a un droit de visite et un droit de surveillance. Ce droit résulte du texte de la loi. L'article 383 dit : « Le tribunal peut toutefois si l'intérêt de l'enfant l'exige, confier la puissance paternelle à celui qui n'en est pas investi par la loi ». C'est permettre à la mère non gardienne de demander que l'enfant lui soit confié quand son intérêt l'exige et que le père n'use pas de son autorité au plus grand avantage de l'enfant. La décision du tribunal n'est pas définitive. Le texte dit : « Quand l'intérêt de l'enfant l'exige », or cet intérêt est variable et le tribunal doit pouvoir revenir sur une première décision, pour conformer sa sentence aux besoins de l'enfant. Ici comme en cas de divorce, l'intérêt de l'enfant prime tout.

La loi du 2 juillet 1907, comme nous l'avons vu, a étendu toutes les règles de la puissance parternelle sur les enfants légitimes à la filiation naturelle. Le père ou la mère naturel qui est investi de la puissance paternelle en a tous les attributs. Le droit de correction s'exercera de la même façon. Le père pourra agir par voie d'autorité, quand l'enfant aura moins de seize

ans, n'aura ni biens, ni état, dans les autres cas,
il ne pourra le faire que par voie de réquisition.
De même, si le père se mariait avec une autre
personne que la mère naturelle et qu'il conserve
la puissance paternelle sur son enfant naturel, il
devrait être considéré comme remarié. La mère
ne pourra agir que par voie de réquisition et avec
le concours du père. L'article 381 exige bien le
concours des deux plus proches parents mais on
sait que dans la filiation naturelle, la parenté
n'existe qu'au premier degré. Le concours du
père suffit donc.

Pour se marier l'enfant sera tenu de se conformer à l'article 148. Il ne pourra contracter
mariage sans le consentement de ses père et
mère tant qu'il n'aura pas atteint l'âge de vingt
et un ans et même après il devra leur faire l'acte
respectueux exigé par l'article 151. Mais en cas de
dissentiment faut-il appliquer l'article 148 dans
toute sa teneur et décider que le consentement
du père prime celui de la mère ? Ce n'est pas
douteux, quand le père est investi de la puissance paternelle, mais dans les autres cas celui
de la mère l'emporte. Quand la mère a l'exercice
de la puissance paternelle elle en exerce tous
les attributs. Les droits du père sont paralysés.
Le père naturel dans l'hypothèse que nous envisageons se trouve dans la même situation que la

mère légitime durant le mariage. La puissance paternelle lui appartient bien en principe, c'est ce qui fait que l'enfant reste tenu de lui demander son consentement, mais ses droits doivent céder devant ceux de la mère Les rôles sont renversés. La prépondérance du père, dans le mariage, n'est qu'une conséquence de l'article 373, pour la même raison c'est à la mère qu'il faut accorder la suprématie puisque c'est elle qui est investie de la puissance paternelle : son consentement doit primer celui du père.

Il en est de même du droit d'émancipation. La mère ayant l'exercice de la puissance paternelle peut émanciper son enfant dès l'âge de quinze ans et c'est à elle seule que ce pouvoir appartient. Quand en vertu de la loi ou d'une décision du tribunal la mère a la puissance paternelle, c'est elle qui en exerce tous les attributs. Ici on ne saurait parler de l'égalité du père et de la mère. La loi est formelle Elle attribue expressément la puissance paternelle à l'un ou à l'autre des parents naturels.

Avant la loi du 2 juillet 1907 on admettait que les père et mère n'avaient pas la jouissance légale des biens de leurs enfants naturels ; il n'en est plus ainsi : « Il a paru juste, a dit M. Chastenet, rapporteur de la loi, qu'en donnant aux parents naturels les mêmes charges, on leur donnât les mêmes droits » (1). Cependant pour que cette jouissance ne suscite « des reconnaissances tardives et intéressées », la loi ne l'accorde qu'à dater du jour où le subrogé tuteur aura été nommé conformément à l'article 389. Le législateur, en effet, tout en donnant la gestion du patrimoine de l'enfant à celui des père et mère naturels qui exerce la puissance paternelle n'établit pas le droit d'administration légale à son profit, ce qui était déjà admis antérieurement. On a craint que celui qui en eût été chargé, n'étant soumis à aucun contrôle, n'abusât de son pouvoir. « Pendant le mariage, dit le rapport de M. Chastenet précité, le père exerce cette administration légale sous le contrôle de fait de la mère, à la condition d'obtenir l'autorisation du tribunal pour les actes les plus importants de la gestion paternelle. Ces garanties sont insuffisantes, lorsque les père et mère ne sont pas mariés le contrôle de la mère étant, en pareil cas, à peu près illusoire ». Elle leur attribue seulement la tutelle légale. Le père naturel se trouve en somme dans la même situation que celle du père légitime, après la dissolution du mariage. Il ne doit donc être

1. Rapport à la Chambre des députés le 26 mars 1907, annexe 907, *Journal off.*, 1907, p. 275.

comme lui qu'un tuteur légal, placé sous la surveillance d'un subrogé tuteur et d'un conseil de
famille. Avant la loi de 1907 cette tutelle légale
des père et mère naturels n'existait pas, la jurisprudence avait admis qu'il ne pouvait avoir lieu
qu'à l'ouverture de la tutelle dative. C'est une
innovation que l'on justifie aisément : « Les
père et mère naturels qui ont reconnu leurs
enfants leur ont donné ainsi une preuve d'atta-
chement et d'affection que l'on ne saurait
méconnaître. Comme les père et mère légitimes
ils sont les protecteurs tout indiqués et désignés
aussi bien par la nature que par la loi des
intérêts de cet enfant » (1). La mère naturelle,
à la différence de la mère légitime, ne peut refuser cette tutelle. Il aurait été trop difficile de
trouver un tuteur qui portât intérêt à l'enfant
naturel.

Le tuteur est assisté d'un subrogé tuteur. Dans
le projet de loi on avait été tenté de décréter
que celui des parents qui n'aurait pas la puissance paternelle, serait nommé subrogé tuteur
de son enfant. Mais on a renoncé à cette disposition devant une objection qui paraît fondée. Le
plus souvent ce contrôle du subrogé tuteur serait

1. Sénat, Séance du 17 juin 1907, *Journal off.* du 18,
Débats parl., p. 824, rapporteur M. Girard.

inefficace et vain. De deux choses l'une, a-t-on dit : ou les parents vivent ensemble et le conjoint nommé subrogé tuteur pourra très difficilement exercer cette fonction, ou ils vivent séparés et il y a lieu de craindre des conflits irritants qui ne seraient pas toujours inspirés par le souci de protéger les intérêts du mineur et dont ce dernier serait certainement la victime. On a préféré laisser toute latitude dans le choix du subrogé tuteur, tout en admettant que cette fonction puisse être confiée à la mère.

Enfin il existe également un conseil de famille. Les enfants naturels n'ayant pas de parents au sens de la loi, on ne pouvait composer un conseil s'intéressant à eux ; aussi les fonctions dévolues par le Code au conseil de famille ont-elles été attribuées au tribunal. Le tribunal compétent est celui du domicile légal du parent investi de la tutelle au moment où l'enfant a été reconnu.

Cette loi du 2 juillet 1907 a eu pour heureux effet de faire cesser toutes les incertitudes et les controverses qui s'élevaient au sujet de la puissance paternelle sur les enfants naturels. En étendant à la filiation naturelle les règles de la puissance paternelle sur les enfants légitimes elle a créé un état de choses stable et bien défini qui contribuera dans une large mesure, nous l'espérons, à améliorer leur sort.

SIXIÈME PARTIE

COMMENT PREND FIN LE DROIT DE GARDE

Le droit de garde cesse de plusieurs façons :

1° En vertu de l'article 372, du Code civil, le droit de garde cesse à la majorité de l'enfant ou à son émancipation. La majorité est fixée à l'âge de vingt et un ans. On sait également que l'émancipation peut avoir lieu dès l'âge de quinze ans révolus (art. 477), quand elle est faite par le père ou la mère et que le mariage émancipe de plein droit le mineur quel que soit son âge (art. 476). Il n'y a pas lieu de s'étendre sur cette première cause d'extinction du droit de garde. Dès qu'il sera majeur ou émancipé, l'enfant sera affranchi de la puissance paternelle ne, sera plus soumis ni au droit de correction ni au droit de garde. Il pourra librement quitter la demeure paternelle et établir son domicile où bon lui semble.

2° Le droit de garde cesse également par la mort de l'enfant. Il semble inutile de le dire et pourtant nous sommes tenus de le faire en présence d'une controverse qui s'est élevée. L'époux investi de la garde de l'enfant a-t-il le droit de choisir le mode de sépulture du mineur défunt? On a voulu le soutenir mais cette prétention a été repoussée à bon droit par les tribunaux. Si durant la vie de l'enfant, ce dernier est confié à l'un ou l'autre des parents, c'est à raison d'une présomption basée sur l'intérêt de l'enfant, mais après la mort cet intérêt n'est plus en jeu. Les parents doivent donc avoir des droits égaux et on ne voit pas pour quels motifs on donnerait la prépondérance au père ou à la mère. C'est en ce sens à juste raison que s'est prononcée la jurisprudence.

3° Le droit de garde cesse à la mort du gardien. Au décès de l'époux investi du droit de garde, la tutelle s'ouvre et la garde de l'enfant passe *de plano* à l'autre conjoint, à moins qu'il n'ait été déchu de la puissance paternelle conformément à la loi du 24 juillet 1889. Les mesures provisoires ordonnées cessent immédiatement et les tribunaux n'ont pas à prendre de nouvelles décisions, même dans le cas où le divorce a été prononcé aux torts de l'époux survivant. Ce sont les principes qui régissent la tutelle qui doivent s'appliquer et en vertu de la loi, le survivant des père et mère en est investi de plein droit. Il n'en est pas ainsi quand le gardien choisi par le tribunal est un tiers. En ce cas les tribunaux sont appelés à se prononcer à nouveau. Les raisons en sont faciles à comprendre. La tutelle ne s'ouvrant pas, la situation reste la même et c'est toujours une question de garde à régler entre époux divorcés.

4° La déchéance de la puissance paternelle également met un terme au droit de garde. La loi de 1889 a établi deux sortes de causes de déchéance. La déchéance est tantôt légale, tantôt judiciaire c'est-à-dire que dans certains cas les parents sont déchus de plein droit de la puissance paternelle et les tribunaux sont tenus de la prononcer, dans d'autres, au contraire, les juges jouissent d'un pouvoir d'appréciation et la déchéance est facultative. La déchéance légale résulte de certaines condamnations pénales, quant aux causes de déchéance facultative, il serait trop long de les énumérer toutes. Il suffit de renvoyer aux textes. En dehors de certaines condamnations elle peut être prononcée quand les parents, par leur ivrognerie habituelle, leur inconduite notoire et scandaleuse ou par de mauvais traitements compromettent soit la santé, soit la sécurité, soit la moralité de l'enfant. Cette déchéance, dans l'un ou l'autre cas, est totale. Elle comprend tous les enfants et s'étend au droit de garde aussi bien qu'aux autres attributs de la puissance paternelle. Elle ne laisse guère subsister que le droit au respect (art. 371) et le droit aux aliments (art. 205). La justice est appelée à statuer sur le droit de garde. La mère n'en est pas investie de plein droit, ce n'est que dans les cas où ce droit lui est accordé par les tribunaux qu'elle l'exerce (art. 9, loi 24 juillet 1889). Les juges sont libres de confier l'enfant à qui bon leur semble et doivent se baser sur son plus grand avantage.

5° Enfin nous avons vu que toutes les mesures relatives à la garde de l'enfant ne sont que provisoires et sont toujours susceptibles d'être modifiées. Les juges, quand les circonstances l'exigent peuvent retirer l'enfant des mains de celui qui se l'était vu attribué pour en confier la garde soit à l'autre conjoint soit à un tiers. Ces modifications nous l'avons vu, sont prises à la demande des personnes citées dans l'article 302 c'est-à-dire sur la demande d'un des parents, suivant l'interprétation que nous donnons au mot famille, ou du ministère public.

CONCLUSION

Ce qu'il faut avant tout d'éplorer dans le Code civil au sujet du droit de garde c'est l'insuffisance des textes. Le législateur s'est borné à poser le principe sans songer à résoudre les questions si délicates que soulève son application. Il en résulte un flottement général tant dans la doctrine qui est partagée, que dans la jurisprudence qui est hésitante, qui rend cette partie du droit aussi incertaine que controversée. Il eût été bon que les rédacteurs du Code aient été moins concis : rien n'est plus regrettable que cette incertitude et cette imprécision.

Durant le mariage la situation est assez nette : le père chef, de la famille jouit d'une prérogative: lui seul exerce la puissance paternelle. Nous ne saurions lui contester ce privilège. Il faut à toute société une direction unique pour éviter les conflits qui naîtraient de l'égalité des droits des deux époux : c'est naturellement au père que ce rôle est dévolu. Mais peut-être auraient-on pu admettre dans une plus large mesure le contrôle des tribunaux sur l'exercice de la puissance paternelle. Celle-ci, nous l'avons vu, n'est établie que dans l'intérêt de l'enfant. Le père qui ne s'y conforme pas, n'use pas de son autorité : il en abuse. Les juges devraient pouvoir intervenir ; la société, à coté de la famille, est intéressée elle aussi. Avant la loi du 24 juillet 1889 sur la déchéance de la puissance paternelle, les tribunaux s'étaient arrogé ce droit et prenaient des mesures diverses qui n'étaient en somme que des déchéances partielles de la puissance paternelle mais depuis la loi précitée la jurispru-, dence admet que la justice ne peut plus intrevenir hors les cas prévus et ne peut prononcer qu'une déchéance totale. Il serait bon d'autoriser les tribunaux à prendre des mesures spéciales dans les cas où les faits ne sont pas assez graves pour motiver la déchéance de la puissance paternlle et de leur permettre de surveiller plus efficacement l'usage que fait le père de son autorité.

C'est surtout au sujet du droit de garde après le divorce que les réformes sont nécessaires. La loi passe sous silence des questions de la plus haute importance. Quels sont les droits du gardien ? Quelle influence exerce le retrait du droit de garde sur l'exercice de la puissance

paternelle. Autant de points sur lesquels la jurisprudence et la doctrine discutent sans pouvoir
s'entendre. Le législateur aurait dû consacrer
formellement les principes qui régissent la puissance paternelle, supprimer le privilège du père
et accorder à la mère l'exercice des droits qu'elle
ne pouvait exercer durant le mariage à raison
de la prépondérance du père ; affirmer l'égalité
des conjoints après le divorce et pour les droits
qui ne sauraient être exercés simultanément par
le père et la mère en réserver l'exercice à celui qui
a obtenu le divorce, sous le contrôle des tribunaux.

Nous avons vu que les juges après le mariage
jouissent d'un pouvoir aussi large que possible
pour réglementer la garde du mineur et pour
ordonner toutes les mesures que nécessite son
plus grand avantage. Certains auteurs deman-
dent à ce que ces fonctions soient dévolues à un
conseil de famille comme dans la législation de
1792. Cette solution est-elle désirable ? Nous ne
le pensons pas. Les membres de la famille épou-
seraient trop volontiers les rancunes, les haines
des époux ; il y aurait trop de parti pris dans
leurs délibérations et leurs décisions, influen-
cées par d'autres considérations, pourraient
méconnaître parfois l'intérêt des enfants. Les
juges, au contraire, étrangers à toutes les dis-

sensions, statuent en toute impartialité et res-
pectent d'avantage le but qu'on se propose : le
plus grand avantage des enfants, qui doit-être
la loi suprême en toute cette matière.

Enfin, si l'on peut formuler un souhait en ter-
minant cette étude, on ne peut que désirer que
se poursuive et s'achève l'évolution lente qui
s'est faite à travers les âges jusqu'à nos jours,
qui tend de plus en plus à soustraire le mineur
aux abus d'une autorité qui était jadis absolue
et voir s'affirmer enfin « le droit de l'enfant ».

VU :

Le Président de la thèse,
M. PLANIOL.

VU :
Le Doyen de la Faculté,
CH. LYON-CAEN.

VU ET PERMIS D'IMPRIMER :
Le Vice-Recteur de l'Académie de Paris,
L. LIARD.

TABLE DES MATIÈRES

LAVAL. — IMPRIMERIE L. BARNÉOUD ET Cⁱᵉ.

www.ingramcontent.com/pod-product-compliance
Lightning Source LLC
Chambersburg PA
CBHW050118210326
41519CB00015BA/4014